영상녹화물 분석을 통한

수사조서 진단과 처방

이형근

박영사

머리말

2020년 형사소송법 개정에 따라 2022년 1월 1일부터 검사가 작성한 것이든, 사법경찰관이 작성한 것이든, 피의자신문조서는 공판준비 또는 공판기일에 피의자였던 피고인 또는 변호인이 그 내용을 인정할 때에 한하여 증거로 할 수 있게 되었다. 이에 '2022년부터 피의자신문조서는 휴지조각과 다름없게 되었다'라는 자조의 목소리가 종종 들린다. 그러나 내용인정 요건의 작동범위 및 기능에 적지 않은 제약이 있기 때문에 피의자, 피고인 및 변호인은 '이제 조서는 휴지조각과 같다'라거나, '나중에 내용을 부인하면 된다'라고 쉽게 생각하면 안 된다. 또한, 증거법의 체계와 피의자신문조서의 법적 의미를 고려할 때, 수사기관은 '쓰일지 안 쓰일지도 모르는 것에 헛수고를 왜 하나'라거나, '증인으로 부르면 말로 하면 되지'라고 섣불리 생각하면 안 된다.

2020년 개정 형사소송법은 피의자가 아닌 사람, 즉 피해자, 참고인 등의 진술을 기재한 조서의 증거능력 인정요건에는 손대지 않았다. 따라서 피해자, 참고인 등의 진술청취 및 조서작성은 원진술자인 피해자, 참고인 등의 입장에서뿐만 아니라 피의자, 피고인, 변호인 및 수사기관의 입장에서 여전히 중요한 국면이다. 특히, 피해자, 참고인 등의 진술이 상대적으로 더 중요한 의미를 갖는 사안, 가령 성폭력 사건 등에 있어서는 진술조서의 증거능력뿐만 아니라 증명력 또는 신빙성도 중요 쟁점이 된다. 일례로 세칭 '성인지 감수성' 판결로 일컬어지는 2018년의 대법원 판결 이후 피해자 진술의 신빙성 문제가 예전보다 더 중요한 이슈가 되었다.

문제는 수사기관 종사자의 신문, 진술청취 및 조서작성 방법론이 전반적으로 만족스럽지 못한 수준이라는 점, 영상녹화물을 통해 이와 같은 문제점을 확인할 수 있으나 지금까지 진술증거에 대한 음미는 대체로 조서를 통해서만 이루어졌다는 점, 그래서 수사과정에서 이루어진 피의자, 피해자, 참고인 등의 진술에 대한 증거법적 평가가 온전하게 행하여지지 못했다는 점 등에 있다. 특히, 현저한 조서왜곡은 형법상 허위공문서작성죄에 해당할 수 있고, 여타의 조서왜곡도 작성자의 객관의무 위반에 해당하여 손해배상의 사유가 될 수 있다는 점은 주목을 요하는 부분이다. 요컨대, 변화된 사법환경에서 피의자, 피고인, 변호인은 진술증거에 좀 더 '정밀하게' 접근해야 하고, 수사기관은 진술증거를 좀 더 '조심스럽게' 다루어야 한다.

이에 저자는 이 책에서 수사조서 진단을 ① 「적법한 절차와 방식에 따라 작성되었는지」에 대한 진단(형식 진단), ② 「진술한 내용과 동일하게 작성되었는지」에 대한 진단, ③ 「진술이 특히 신빙할 수 있는 상태하에서 행하여졌는지」에 대한 진단(이상 내용 진단)으로 구분하고, 각각에 대한 구체적 진단 방법론을 설명하였다. 또한, 수사조서 진단과 처방 사례연습의 장에서 저자가 실제 사건을 윤색하고 가공하여 제작한 수사조서 및 영상녹화물 녹취록을 '문'으로 제시한 후, 독자들이 학습한 내용을 바탕으로 '답'을 찾고, 저자가 제공하는 '**정답**'과 비교해보는 방식의 훈련 기회를 제공하였다. 특히, 조서진단의 결과를 변론의 자료로 활용하고자 하는 변호사 독자를 고려하여, 부록에 조서·영상 대비표 및 변호인 의견서 작성례를 수록하였다.

조서제도는 내용적으로 주관적이고 절차적으로 간접적이기 때문에 본질적으로 취약성을 띤다. 그럼에도 불구하고 우리 입법자는 조서를 형사절차상 의사결정의 재료로 삼고 있다. 전자의 내용적 주관성은 기억의 취약성과 사고의 역동성으로 인해 불가피한 면이 큰 문제인 반면, 후자의 절차적 간접성은 이에 대한 적절한 규율과 운용을 통해 그 부작용을 줄일 수 있는 문제다. 조서제도에 내재하는 본질적 취약성으로 인한 문제, 특히 조서왜곡의 문제는 영상녹화제도를 통해 가장 효과적으로 예방하고 시정할 수 있다. 다만, 현재까지 조서왜곡을 영상녹화물로 증명하여 시정한 예는 손에 꼽을 정도로 적다. 모쪼록 이 책이 영상녹화제도에 의한 조서제도 보완 내지는 통제, 이를 통한 진술증거제도의 개선에 미력을 보탤 수 있기를 바란다.

2022년 8월

이형근 씀

차례

Chapter 03

「진술한 내용과 동일하게 작성되었는지」에 대한 진단

Chapter 04

「진술이 특히 신빙할 수 있는 상태하에서 행하여졌는지」에 대한 진단

수사조서 진단과 처방의
핵심이론

수사조서 진단과 처방의 핵심이론

1. 형사소송법 제312조의 개정과 수사조서의 의미

1) 형사소송법 제312조의 개정

2020년 개정 형사소송법[1]은 '수사권 개혁법'으로 일컬어진다. 이 법률이 검사와 사법경찰관의 관계를 협력 관계로 설정하고(제195조 제1항), 사법경찰관의 독자적 수사권을 명문화하였기 때문이다(제197조 제1항). 한편, 이 법률은 검사가 작성한 피의자신문조서의 증거능력 인정요건을 대폭 강화하여(제312조 제1항),[2] 사법경찰관이 작성한 피의자신문조서의 증거능력 인정요건과 일치시켰다(같은 조 제3항). 즉, 2022년 1월 1일부터 검사가 작성한 것이든, 사법경찰관이 작성한 것이든, 피의자신문조서는 공판준비 또는 공판기일에 피의자였던 피고인 또는 변호인이 그 내용을 인정할 때에 한하여(이하 '내용인정') 증거로 할 수 있게 되었다.

내용인정은 피의자신문조서를 증거로 함에 있어 가장 큰 제약이 되는 요건이다. 다른 요건들은 수사기관의 노력과 주의를 통해 일정 수준 이상으로 담보할 수 있으나, 이 요건의 충족 여부는 오로지 피고인 또는 변호인의 의사에 달려 있기 때문이다. 즉, 검사 또는 사법경찰관이 적법한 절차와 방식에 따라 피의자가 자발적으로 하는 진술을 왜곡 없이 피의자신문조서에 기재하였다고 하더라도, 공판준비 또는 공판기일에 피고인 또는 변호인이 조서에 기재된 내

---

1 2020. 2. 4. 일부개정 [시행 2021. 1. 1.] 법률 제16924호 '형사소송법'
2 2020년 개정 형사소송법의 다른 조항은 2021. 1. 1.부터 시행되었으나, 제312조 제1항은 1년 뒤인 2022. 1. 1.부터 시행되었다. 이는 제도의 연착륙과 혼란의 최소화를 위한 조치의 일환이었다.

용을 단지 말로써 부인하면 그 조서를 증거로 할 수 없다. 그래서 '2022년부터 피의자신문조서는 휴지조각과 다름없게 되었다'라는 평가도 있다. 그러나 2022년 이후 피의자신문조서가 휴지조각과 같아진 것은 결코 아니다. 그 이유는 다음과 같다.

2) 피의자, 피고인 또는 변호인 관점에서의 의미

먼저, 내용인정이라는 요건이 피의자신문조서에 대한 강력한 사후적 통제장치임은 틀림없지만, 그 작동범위 및 기능이 '일당백' 수준에는 이르지는 못한다. 형사소송법 제312조 제1항 및 제3항을 정밀하게 음미해 보면, 내용인정 요건의 작동범위 및 기능에 일정한 제약이 있음을 어렵지 않게 알 수 있다.

> 제312조(검사 또는 사법경찰관의 조서 등) ①검사가 작성한 피의자신문조서는 적법한 절차와 방식에 따라 작성된 것으로서 공판준비, 공판기일에 그 피의자였던 피고인 또는 변호인이 그 내용을 인정할 때에 한정하여 증거로 할 수 있다.
> ②삭제
> ③검사 이외의 수사기관이 작성한 피의자신문조서는 적법한 절차와 방식에 따라 작성된 것으로서 공판준비 또는 공판기일에 그 피의자였던 피고인 또는 변호인이 그 내용을 인정할 때에 한하여 증거로 할 수 있다.

형사소송법 제312조 제1항 및 제3항에서 내용인정 요건의 작동범위 및 기능을 알 수 있는 부분은 "공판준비 또는 공판기일에" 부분과 "증거로 할 수 있다" 부분이다. 먼저, 피고인 또는 변호인이 조서에 기재된 내용을 부인할 수 있는 국면은 공판준비 또는 공판기일이다. 따라서 공판준비 또는 공판기일이 아닌 영장실질심사절차(제201조의2)나 약식절차(제448조)에서는 피의자, 피고인 또는 변호인이 조서에 기재된 내용을 부인해도 소용이 없거나 부인할 기회 자체가 없다. 영장실질심사절차는 피의자의 구속 여부를 결정하는 중요한 절차이고, 전체 형사사건 중에서 구약식 사건의 비율이 구공판 사건의 비율보다 더 높기 때문에,[3] 내용인정 요건의 작동범위 제약은 주목을 요하는 사각지대임에

---

3 2020년을 기준으로 전체 형사사건 1,463,841건 중 구약식 사건이 440,715건(30.1%)이었고, 구공

틀림없다. 또한, 경찰의 1차 수사를 검증하는 검사의 보완수사 및 기소절차도 공판준비 또는 공판기일에 해당하지 않기 때문에 내용인정 요건이 작동하지 못하는 국면에 속한다.

다음으로, 공판준비 또는 공판기일에 피고인 또는 변호인이 조서에 기재된 내용을 부인하더라도 그 조서를 본증으로 사용할 수 없을 뿐, 탄핵증거로는 사용할 수 있다(제318조의2 제1항).[4] 탄핵증거는 공판준비 또는 공판기일에서 피고인 등이 행한 진술의 증명력을 다투기 위한 증거를 의미한다. 가령, 어떤 피고인이 공판기일에 혐의를 부인하는 진술을 하는 경우, 검사가 수사과정에서 혐의를 시인하였던 피고인의 진술이 기재된 조서를 근거로, 피고인이 공판기일에 행한 부인 진술의 증명력 또는 신빙성이 낮음을 주장할 수 있을 것인데, 조서를 이와 같이 사용하는 것이 탄핵증거로 사용하는 예에 해당한다. 또한, 공판준비 또는 공판기일에 피고인 또는 변호인이 조서에 기재된 내용을 부인하더라도 그 조서를 증거로 사용할 수 없을 뿐, 그 조서를 작성하고 조사를 수행한 검사나 사법경찰관의 증언은 증거로 사용할 수 있다(제316조 제1항). 조사자 증언은 조서에 기반한 증언, 즉 '증언에 의한 조서 현출' 문제로부터 자유롭지 못하다.[5]

요컨대, 내용인정 요건의 작동범위 및 기능에 적지 않은 제약이 있기 때문에 피의자, 피고인 및 변호인은 '이제 조서는 휴지조각과 같다'라거나, '나중에 내용을 부인하면 된다'라는 등의 잘못된 인식을 버리고, 피의자신문 및 조서작성 국면에 각별한 주의를 기울여야 한다.

3) 검사, 사법경찰관 관점에서의 의미

이와 같은 사정은 수사기관의 경우에도 크게 다르지 않다. 즉, 내용인정 요건에도 불구하고 수사기관은 피의자신문 및 조서작성에 각별한 주의를 기울여야 한다. 이 말은 물적 증거 수사보다 인적 증거 수사에 더 집중해야 한다는

판 사건이 260,154건(17.7%)이었다(법원행정처, 사법연감, 법원행정처, 2021, 640면).
4 대법원 1998. 2. 27. 선고 97도1770 판결, 대법원 2005. 8. 19. 선고 2005도2617 판결.
5 이형근, 법심리학적 면담방법론, 박영사, 2021a, 266면.

의미가 결코 아니다. 수사과정에서 피의자신문 및 조서작성을 하기로 결정했다면, 적법성과 적정성 담보를 위해 최선을 다해야 한다는 의미다. 증거법의 체계와 피의자신문조서의 법적 의미를 상기해 보면, 피의자신문 및 조서작성에는 늘 주의가 필요함을 어렵지 않게 알 수 있다.

먼저, 증거법의 체계를 보면, 피고인 또는 변호인이 조서에 기재된 내용을 부인할 경우 수사기관에서 이에 대응하여 선택할 수 있는 방법은 조서의 탄핵증거 사용과 조사자 증언으로 요약된다.[6] 그런데 내용부인 조서를 탄핵증거로 사용하기 위해서는 최소한 진정성립 요건, 특히 형식적 진정성립 요건이 충족되어야 한다는 것이 학계의 중론이고,[7] 조사자 증언을 하기 위해서는 특신상태 요건이 충족되어야 하기 때문에(제316조 제1항),[8] 수사기관은 적법한 절차와 방식에 따라 특히 신빙할 수 있는 상태하에서 피의자신문 및 조서작성을 해야 한다. 즉, 이와 같이 하지 않으면 내용부인 조서의 탄핵증거 사용과 조사자 증언마저 불가능해진다. 또한, 조서왜곡을 특신상태 부정 사유로 판시한 대법원 판결을 고려하여,[9] 진술을 왜곡 없이 피의자신문조서에 기재하는 데에도 주의를 기울여야 한다.

다음으로, 피의자신문조서가 공문서라는 점도 주목을 요하는 부분이다. 조서는 소송절차의 경과와 내용을 공증하기 위하여 소송법상의 기관이 작성하는 공문서를 의미하고,[10] 피의자신문조서는 신문권을 가진 소송법상의 기관인 검사 또는 사법경찰관이 신문의 경과와 내용을 기재한 공문서를 의미하며,[11] 대법원도 피의자신문조서를 공문서로 보고 있다.[12] 따라서 현저한 조서왜곡은 형법상 허위공문서작성죄에 해당할 수 있다. 또한, 여타의 조서왜곡도 작성자의

---

6 이상훈·정성민·백광균, 수사기관 작성 조서의 증거 사용에 관한 연구: 2020년 개정 형사소송법에 따른 실무 변화 모색, 사법정책연구원, 2021, 352, 400면.

7 신동운, 신형사소송법(제5판), 법문사, 2014, 1310면. 현재 형식적 진정성립 요건은 적법한 절차와 방식 요건에 포섭되어 있다.

8 2020년 개정 형사소송법은 피의자신문조서에 관한 제312조 제1항의 특신상태 요건은 삭제하였으나, 조사자 증언에 관한 제316조 제1항의 특신상태 요건은 삭제하지 않았다.

9 대법원 2014. 8. 26. 선고 2011도6035 판결.

10 법원행정처, 법원실무제요 형사(Ⅰ), 법원행정처, 2014, 159면.

11 이형근·백윤석, 피의자신문조서의 왜곡에 대한 증거법적 평가방향: 왜곡에 대한 일반인과 변호사의 인식 비교연구, 경찰학연구 제19권 제4호, 2019, 134면.

12 대법원 1966. 9. 6. 선고 66도874 판결, 대법원 1975. 3. 25. 선고 74도2855 판결.

객관의무 위반에 해당하여 손해배상의 사유가 될 수 있다.

> 피의자의 진술을 조서화하는 과정에서 추측이나 과장을 배제하고, 진술의 취지가 왜곡
> 되지 않도록 조서의 객관성을 유지할 의무가 있다 할 것인바, 수사기관의 질문에 대하
> 여 단답형으로 한 대답이 대다수임에도 문답의 내용을 바꾸어 기재함으로써 마치 피
> 의자로부터 자발적으로 구체적인 진술이 나오게 된 것처럼 조서를 작성하여 조서의
> 객관성을 유지하지 못한 직무상 과실이 있[다.][13]

요컨대, 증거법의 체계와 피의자신문조서의 법적 의미를 고려할 때, 수사기관은 '쓰일지 안 쓰일지도 모르는 것에 헛수고를 왜 하나'라거나, '증인으로 부르면 말로 하면 되지'라는 등의 잘못된 인식을 버리고, 피의자신문 및 조서작성을 할 때에 각별한 주의를 기울여야 한다.

4) 진술조서의 증거법적 기능

2020년 개정 형사소송법은 피의자가 아닌 사람, 즉 피해자, 참고인 등의 진술을 기재한 조서의 증거능력 인정요건에는 손대지 않았다(제312조 제4항). 따라서 진술조서의 경우에는 적법한 절차와 방식 요건, 실질적 진정성립 요건, 특신상태 요건 등이 모두 충족되면, 피해자, 참고인 등이 공판준비 또는 공판기일에 조서에 기재된 내용을 부인하더라도 그 조서를 증거로 사용할 수 있다. 또한, 피해자, 참고인 등이 공판준비 또는 공판기일에 조서의 실질적 진정성립을 부인하더라도 영상녹화물 또는 그 밖의 객관적인 방법에 의하여 실질적 진정성립을 증명할 수 있다.

따라서 피해자, 참고인 등의 진술청취 및 조서작성은 원진술자인 피해자, 참고인 등의 입장에서뿐만 아니라 피의자, 피고인, 변호인 및 수사기관의 입장에서도 중요한 국면이다. 피의자신문조서의 경우와 달리 '일당오십' 수준에 이르는 사후적 통제장치, 즉 내용인정 요건이 없기 때문에 어쩌면 그 중요성이 피의자신문 및 조서작성보다 상대적으로 더 커졌다고 볼 수도 있다. 또한, 피

---

13 대법원 2020. 4. 29. 선고 2015다224797 판결.

해자, 참고인 등의 진술이 상대적으로 더 중요한 의미를 갖는 사안, 가령 성폭력 사건 등에 있어서는 진술조서의 증거능력뿐만 아니라 증명력 또는 신빙성도 중요 쟁점이 된다.

문제는 특정 검사 또는 사법경찰관의 신문, 진술청취 및 조서작성 방법론이 수사대상자의 규범적 지위나 사안에 따라 그때그때 달라지는 것이 아니라, 일종의 습관 또는 버릇처럼 - 교육과 훈련이 수반되지 않으면 - 상당 기간 지속되는 경향이 있다는 데 있다.[14] 가령, 피의자 신문을 적정하게 수행하지 못하는 검사나 사법경찰관이 피해자 조사를 적정하게 수행할 가능성은 낮다. 수사기관은 소속 검사 및 사법경찰관의 신문, 진술청취 및 조서작성 역량을 일정 수준 이상으로 향상시켜야 하고, 수사기관 이외 관계자는 검사 또는 사법경찰관의 신문, 진술청취 및 조서작성에서 있을 수 있는 부적법성과 부적정성을 잘 알고 대처해야 한다.

summarY

형사소송법 제312조의 내용인정 요건에도 불구하고 피의자신문조서가 휴지조각이 되는 것은 아니다.

(피고측) ① 영장실질심사, 약식절차, 검사의 보완수사 및 기소절차에서는 내용인정 요건이 작동하지 못한다. ② 공판준비 또는 공판기일에 조서에 기재된 내용을 부인하더라도 그 조서는 탄핵증거로 사용될 수 있다. ③ 그 조서를 작성하고 조사를 수행한 검사나 사법경찰관의 증언도 증거로 사용될 수 있다. 따라서 피의자신문 및 조서작성 국면에 각별한 주의를 기울여야 한다.

(수사측) ① 조서를 탄핵증거로 사용하기 위해서는 진정성립 요건이 충족되어야 한다. ② 조사자 증언을 하기 위해서는 특신상태 요건이 충족되어야 한다. ③ 증거법적 문제와 별론으로 조서왜곡은 허위공문서작성죄에 해당하거나 손해배상 사유가 될 수 있다. 따라서 피의자신문 및 조서작성을 할 때에 각별한 주의를 기울여야 한다.

형사소송법 제312조의 진술조서 부분은 개정되지 않았다.

(피고측, 수사측) ① 진술조서를 증거로 사용하기 위해서는 적법한 절차와 방식 요건, 실질적 진정성립 요건, 특신상태 요건 등이 모두 충족되어야 한다. ② 진술조서의 증거능력뿐만 아니라 증명력 또는 신빙성도 중요 쟁점이 된다. ③ 신문, 진술청취 및 조서작성 방법론은 일종의 습관 또는 버릇처럼 상당 기간 지속되는 경향이 있다. 따라서 피고측, 수사측 공히 신문, 진술청취 및 조서작성 국면에 각별한 주의를 기울여야 한다.

---

14 이형근, 2021a, 301면.

2. 수사조서에 관한 수사법과 증거법

1) 수사법과 증거법의 관계

　형사소송법[15]은 제195조 이하에 수사에 관한 조항을, 제307조 이하에 증거에 관한 조항을 각각 두고 있다. 여기에서는 전자를 '수사법'으로, 후자를 '증거법'으로 각각 명명하고 설명을 이어가고자 한다. 한편, 형사소송법 이외에도 대통령령인 검사와 사법경찰관의 상호협력과 일반적 수사준칙에 관한 규정(이하 '수사준칙'),[16] 법무부령인 검찰사건사무규칙,[17] 행정안전부령인 경찰수사규칙,[18] 경찰청훈령인 범죄수사규칙[19] 등에 수사에 관한 구체적 조항이 있다.

　다만, 물적 증거 수사에 관한 조항의 경우와 달리 인적 증거 수사, 특히 수사조서에 관한 조항은 거의 대부분 형사소송법에 규정되어 있다. 이는 2007년 개정 형사소송법[20]이 수사조서의 본증 사용 여지를 비교적 넓게 열어두면서도, 수사조서 작성에 있어서의 적법한 절차와 방식을 대폭 강화하였기 때문에 발생하는 현상이다. 따라서 수사조서에 관한 수사법은 매우 상세하고, 법률에 규정하기에는 다소 시시콜콜하다는 느낌마저 준다. 가령, 형사소송법 제244조 제3항[21]과 제244조의3 제2항[22]에는 특정한 질문에 대한 피의자의 답변을 기재하는 방식까지 규정되어 있다. 자세히 읽은 독자라면 두 조항에 규정된 답변 기재 방식이 동일하지 않다는 사실을 눈치챘을 것이다. 이에 관하여는 제2장에서 상론할 것이다.

15　2022. 2. 3. 일부개정 [시행 2022. 2. 3.] 법률 제18799호 '형사소송법'
16　2020. 10. 7. 제정 [시행 2021. 1. 1.] 대통령령 제31089호 '검사와 사법경찰관의 상호협력과 일반적 수사준칙에 관한 규정'
17　2022. 2. 7. 타법개정 [시행 2022. 2. 7.] 법무부령 제1022호 '검찰사건사무규칙'
18　2022. 1. 4. 일부개정 [시행 2022. 1. 4.] 행정안전부령 제305호 '경찰수사규칙'
19　2022. 5. 3. 일부개정 [시행 2022. 5. 3.] 경찰청훈령 제1056호 '범죄수사규칙'
20　2007. 6. 1. 일부개정 [시행 2008. 1. 1.] 법률 제8496호 '형사소송법'
21　제244조(피의자신문조서의 작성) ③피의자가 조서에 대하여 이의나 의견이 없음을 진술한 때에는 피의자로 하여금 그 취지를 자필로 기재하게 하고 조서에 간인한 후 기명날인 또는 서명하게 한다.
22　제244조의3(진술거부권 등의 고지) ② (전략) 이 경우 피의자의 답변은 피의자로 하여금 자필로 기재하게 하거나 검사 또는 사법경찰관이 피의자의 답변을 기재한 부분에 기명날인 또는 는 서명하게 하여야 한다.

반면, 수사조서에 관한 증거법은 매우 간결하다. 가령, 형사소송법 제308조의2는 위법수집증거배제법칙에 관하여, 단지 "적법한 절차에 따르지 아니하고 수집한 증거는 증거로 할 수 없다"라고 규정하고 있고, 제312조 제1항 및 제3항은 전문법칙에 관하여, "(전략) 피의자신문조서는 적법한 절차와 방식에 따라 작성된 것으로 (중략) 증거로 할 수 있다"라고 규정하고 있으며, 제317조 제2항은 임의성 요건에 관하여, "전항의 서류는 그 작성 또는 내용인 진술이 임의로 되었다는 것이 증명된 것이 아니면 증거로 할 수 없다"라고 규정하고 있다. 앞의 세 조항에서 도출되는 시사점은 '법'에 따라 '임의'로 신문, 진술청취 및 조서작성을 해야 한다는 것으로 요약된다. 즉, 수사조서에 관한 증거법은 다분히 추상적이어서, 해당 조항만으로는 그 의미를 온전히 이해하기 어렵다.

증거법의 해석에 있어 통상 학설과 판례가 논거로 사용되고 있음은 공지의 사실이다. 반면, 학설과 판례가 어떤 쟁점에 대해 논증을 하고 결론을 낼 때, 수사법을 주된 논거 또는 재료로 삼고 있다는 사실은 종종 간과되는 것 같다. 하지만 관련 학설과 판례를 찬찬히 들여다보면, 수사법이 증거법 해석의 주된 논거 또는 재료임을 어렵지 않게 알 수 있다.[23] 이는 증거법 조항에 규정되어 있는 '법'이 수사법을 의미한다는 점에서 자연스러운 현상이다. 즉, 증거법 조항은 일견 간결한 것처럼 보이지만, 그 의미를 온전히 이해하기 위해서는 시시콜콜한 수사법 조항 모두를 정확하게 알아야 하는 것이다. 또한, 증거법 조항에 규정되어 있는 '법'에는 앞서 소개한 하위 규범상의 조항도 포함된다.[24] 다만, 앞서 언급한 바와 같이 수사조서에 관한 조항은 거의 대부분 형사소송법에 규정되어 있다.

요컨대, 수사법은 증거법의 공개된 루브릭(rubric), 즉 평가기준이다. 따라

---

23 가령, 대법원 2013. 3. 28. 선고 2010도3359 판결은 수사법 조항인 제244조의3 제2항을 근거로 증거법 조항인 제312조 제3항의 적법한 절차와 방식 요건을 부정하였다. 또한, 대법원 2004. 12. 16. 선고 2002도537 전원합의체 판결은 수사법 조항인 제244조 제2항, 제3항의 증거법적 기능을 근거로 증거법 조항인 제312조 제1항의 실질적 진정성립 요건을 부정하였다. 아울러, 2014. 8. 26. 선고 2011도6035 판결은 수사법 조항인 제244조 제2항을 근거로 증거법 조항인 제312조 제1항의 특신상태 요건을 부정하였다.
24 의정부지방법원 2019. 8. 22. 선고 2018노2757 판결. 이 판결은 경찰청훈령인 범죄수사규칙 및 디지털 증거 수집 및 처리 등에 관한 규칙(現 디지털 증거의 처리 등에 관한 규칙)을 근거로 디지털 증거의 증거능력을 부정하였다.

서 수사기관은 수사법 조항을 정확하게 이해하고 준수해야 하며, 수사기관 이외의 관계자, 특히 변호인은 수사법 조항을 정확하게 이해하고 수사기관의 수사법 위반, 그 결과 발생할 수 있는 방어권, 조력권 침해 등에 대처해야 한다.

2) 수사조서에 관한 수사법

수사조서에 관한 수사법 조항은 대체로 형사소송법 제241조 이하에 규정되어 있다. 가령, ① 간인 및 기명날인 또는 서명의 진정성(형식적 진정성립: 제57조, 제244조 제3항), ② 신문자의 적법성(제241조, 제242조), ③ 참여자의 적법성(제243조), ④ 이익되는 사실을 진술할 기회의 부여(제242조), ⑤ 변호인 참여권의 보장(제243조의2), ⑥ 조서작성 원칙 규정의 준수(제244조 제1항), ⑦ 조서 열람 및 정정 기회의 보장(제244조 제2항), ⑧ 진술거부권 등의 고지(제244조의3 제1항), ⑨ 수사과정의 기록(제244조의4), ⑩ 실질적 진정성립 등에 관한 피의자의 이의나 의견을 기재하는 방식의 준수(제244조 제3항), ⑪ 진술거부권 등의 고지에 따른 피의자의 답변을 기재하는 방식의 준수(제244조의3 제2) 등이 여기에 해당한다. 수사조서에 관한 수사법 조항은 대체로 적법한 절차와 방식 요건과 연관된다. 다만, 앞의 요소 중에는 대법원 판결 등을 통해 적법한 절차와 방식 요건의 판단기준임이 확정된 것도 있고(①, ②, ⑤, ⑦, ⑧, ⑨, ⑪), 학계 등에서 판단기준으로 거론되고 있는 것도 있다(③, ④, ⑥, ⑩).[25]

형사소송법 제244조 제1항은 "피의자의 진술은 조서에 개재하여야 한다"라고 규정하고 있다. 또한, 같은 조 제2항은 피의자의 조서 열람권 및 정정권을 규정하고 있다. 수사기관에서는 피의자가 아닌 사람, 즉 피해자, 참고인 등의 진술도 특별한 사정이 없으면 조서에 기재하고 있다.[26] 그러나 현실에서는 피의자 등의 진술이 조서에 온전히 기재되지 않는 사례, 즉 조서왜곡 사례가 빈번하다.[27] 종래에는 검사 또는 사법경찰관이 조서왜곡을 하더라도 조서의 평

---

25 이형근, 개정 형사소송법 하에서 실질적 진정성립 및 특신상태 요소의 증거법적 기능에 관한 전망, 형사정책연구 제31권 제3호, 2020a, 153면.
26 검찰사건사무규칙 제38조 제2항, 경찰수사규칙 제39조 제2항.
27 이형근·조은경, 피의자신문조서의 왜곡 유형과 정도에 관한 연구: 조서와 영상녹화물의 비교를 통한 사례연구, 경찰학연구 제14권 제2호, 2014, 40-43면. 대법원 2014. 8. 26. 선고

가단계에서 이를 밝혀 바로잡기가 어려웠다. 피의자 등의 간인 및 기명날인 또는 서명이 있는 조서에 왜곡이 있을 것으로 보지 않는 관행이 형성되어 있었을 뿐만 아니라,[28] 왜곡 사실을 증명할 마땅한 방법이 없었기 때문이다. 그런데 2007년 개정 형사소송법이 수사상 영상녹화제도를 법제화하면서(제221조 제1항, 제244조의2), 이와 같은 상황을 타개할 단초가 마련되었다. 특히, 형사소송법은 수사상 영상녹화를 임의 사항으로 규정하고 있으나, 영상녹화에 관한 수사기관의 하위 규범[29]은 일정 범위에서 수사상 영상녹화를 의무 사항으로 규정하고 있다(<부록 1>, <부록 2> 참고).

한편, 대법원은 구성요건적 사실과 핵심적 정황에 관한 영상녹화물의 내용과 이에 대응하는 피의자신문조서의 기재가 상이한 사안에 대하여 조서의 - 실질적 진정성립 요건이 아니라 - 특신상태 요건을 부정한 바 있다.[30] 2007년 형사소송법 개정 이후 현재까지 영상녹화물에 조서의 특신상태 증명 기능이 부여되었던 적은 없지만,[31] 법조계와 학계에는 수사기관의 위법수사를 입증하고자 하는 경우라면 영상녹화물의 증거법적 기능이 확장될 수 있다는 인식이 있었던 것으로 보인다.[32]

요컨대, 형사소송법 제241조 이하에 규정되어 있는 수사조서에 관한 수사법 조항, 제221조 제1항 및 제244조의2에 근거하는 수사상 영상녹화제도 등은 적법한 절차와 방식, 실질적 진정성립, 특신상태 등 수사조서를 본증 또는 탄핵증거로 사용하거나 조사자 증언을 증거로 사용하는 데 요구되는 제반 요건과 밀접하게 연관되어 있다.

2011도6035 판결, 대법원 2020. 4. 29. 선고 2015다224797 판결.

28 대법원 1980. 12. 23. 선고 80도2570 판결, 대법원 1982. 6. 8. 선고 82도754 판결, 대법원 1983. 3. 8. 선고 82도3248 판결, 대법원 1984. 6. 26. 선고 84도748 판결.

29 2022. 3. 16. 일부개정 [시행 2022. 3. 16.] 대검찰청예규 제1268호 '영상녹화 업무처리 지침', 2022. 6. 14. 경찰청 수사심사정책담당관-1813 '영상녹화 업무처리 지침'

30 대법원 2014. 8. 26. 선고 2011도6035 판결.

31 2008년부터 2020년까지는 피의자신문조서 및 진술조서의 진정성립 대체증명 기능(제312조 제2항, 제4항), 원진술자의 기억환기 기능(제318조의2 제2항)이 법정되어 있었고, 2021년 이후에는 진술조서의 진정성립 대체증명 기능(제312조 제4항), 원진술자의 기억환기 기능(제318조의2 제2항)이 법정되어 있다.

32 신동운, 2014, 271면.

3) 수사조서에 관한 증거법

수사조서에 관한 증거법 조항은 모든 증거(예: 압수한 물건)에 적용되는 것과 수사조서에만 적용되는 것으로 대별된다. 위법수집증거배제법칙을 규정하고 있는 형사소송법 제308조의2가 전자에 해당하고, 전문법칙을 규정하고 있는 형사소송법 제312조가 후자에 해당한다. 가령, 진술거부권 등의 고지와 관련하여, 진술거부권 등을 고지하지 않은 상태하에서 작성된 피의자신문조서는 형사소송법 제308조의2가 적용되는 위법수집증거에 해당하고,[33] 진술거부권 등을 고지하였으나 진술거부권 등의 행사 여부에 관한 피의자의 답변을 기재하는 방식(예: 자필 등)을 준수하지 않은 피의자신문조서는 형사소송법 제312조가 규정하고 있는 전문법칙을 충족하지 못하는 조서에 해당한다.[34] 위법수집증거에 해당하는 수사조서이든 전문법칙에 위반되는 수사조서이든 본증으로 사용될 수 없다는 점에서는 동일하나, 전자의 경우에는 당해 수사조서의 탄핵증거 사용 및 증거동의에 의한 본증 사용도 불가능하다는 점에서 차이가 있다.[35]

저자는 2020년 형사소송법 개정에 즈음하여 형사소송법 제312조 제1항의 실질적 진정성립 요건 및 특신상태 요건이 2022년 이후에도 여전히 일정한 기능을 할 것임을 전망한 바 있다. 가령, 두 요건이 형사소송법상 다른 요건(예: 임의성)의 이름으로 기능할 가능성, 증명력 평가의 기준으로 기능할 가능성, 조사자 증언의 요건인 특신상태를 매개로 기능할 가능성, 탄핵증거 사용의 요건으로 기능할 가능성 등을 제시하였다.[36] 또한, 이와 같은 가능성을 변호사를 대상으로 한 인식조사를 통해서도 확인한 바 있다.[37] 2020년 개정 형사소송법이 수사조서에 관한 증거법 조항 중 전문법칙을 규정하고 있는 제312조를 대폭 정비하였음에도 불구하고, 피의자신문조서가 휴지조각과 같아지는 것은 결코 아니라는 앞서의 설명은 이와 같은 연구의 결과를 토대로 한 것이다.

---

33 대법원 2009. 8. 20. 선고 2008도8213 판결.
34 대법원 2013. 3. 28. 선고 2010도3359 판결.
35 신동운, 2014, 1168면; 이형근, 2020a, 154면; 이형근·백윤석, 2019, 141면; 대법원 2011. 4. 28. 선고 2009도2109 판결.
36 이형근, 2021a, 167-395면.
37 이형근·백윤석, 2019, 151-155면.

수사조서에 관한 수사법 조항 및 증거능력에 관한 조항이 수사조서에 대한 증명력 평가에 영향을 줄 수 있다는 점도 주목을 요하는 부분이다. 원래 증명력 평가는 법관의 자유심증에 맡겨진 영역이다(제308조). 그러나 어떤 증거의 증명력에 관한 법관의 자유판단에는 논리·경험칙 등에 의한 제약이 따른다.[38] 또한, 현실에서 증거능력 평가와 증명력 평가가 엄격하게 구분되는 것도 아니다.[39] 가령, 신동운 교수는 "일반적으로 볼 때 법률은 증명력이 강한 증거에 대하여 증거능력을 부여하는 것이 보통이기 때문에 증거능력이 있는 증거는 증명력도 있다고 말할 수 있다"라고 설명한 바 있다.[40] 아울러, 이와 같은 현상은 변호사를 대상으로 한 인식조사를 통해서도 드러난 바 있다.[41] 이와 같은 점을 종합하면, 수사조서에 관한 수사법 조항, 증거능력 평가에 관한 조항, 증명력 평가에 관한 조항과 그 실제는 서로 밀접하게 연계되어 있음을 알 수 있다.

수사조서에 관한 수사법과 증거법을 연계하는 가장 중요한 매개체는 영상녹화물이다. 법리적으로, 영상녹화물은 형사소송법이 예정하고 있는 증거법적 기능(예: 수사조서의 진정성립 대체증명, 원진술자의 기억환기) 이상의 기능을 하고 있으며,[42] 현실적으로, 2020년 개정 형사소송법이 영상녹화물에 의한 피의자신문조서의 진정성립 대체증명 조항을 삭제하였음에도 불구하고(제312조 제2항), 수사기관에서 의무적 영상녹화의 범위를 지속적으로 확대하고 있기 때문이다.[43] 이와 같은 상황을 종합하면, 향후 영상녹화물이 수사조서나 조사자 증언의 증거법적 기능을 '강화'하는 효과를 낼 가능성은 높지 않으나, 그 기능을 '탄핵'하는 효과를 낼 가능성은 높을 것으로 전망된다.[44]

---

38 대법원 2011. 1. 27. 선고 2010도12728 판결.
39 이진수, 형사소송법상 '성립의 진정'에 관한 연혁적 고찰과 그 함의, 비교형사법연구 제20권 제1호, 2018, 121면.
40 신동운, 2014, 1103면.
41 이형근·백윤석, 2019, 152−153면. 가령, 변호사들은 조서왜곡이 증거능력 평가(예: 실질적 진정성립)뿐만 아니라 증명력 평가에도 부정적 영향을 줄 것으로 인식하고 있었다.
42 신동운, 2014, 271면; 대법원 2014. 8. 26. 선고 2011도6035 판결.
43 주 29), <부록 1>, <부록 2> 참고.
44 2020년 개정 형사소송법이 영상녹화물에 의한 피의자신문조서의 진정성립 대체증명 조항을 삭제하였음에도 불구하고, 수사기관에서 의무적 영상녹화의 범위를 지속적으로 확대하고 있는 데에는 나름의 정책적 이유가 있을 것이다. 가령, 영상녹화물의 본증 또는 탄핵증거 사용을 위한 형사소송법 개정 추진이 그 이유 중 하나가 될 것으로 생각한다. 이 문제는 숙고를

요컨대, 향후에도 수사조서에 대한 증거법적 평가에 있어 적법한 절차와 방식 요건뿐만 아니라 실질적 진정성립 요건 및 특신상태 요건이 일정한 기능을 할 것이고, 그 영향은 증거능력 평가뿐만 아니라 증명력 평가에까지 미칠 것이며, 영상녹화물이 '수사법 조항 – 증거능력 평가에 관한 조항 – 증명력 평가에 관한 조항과 그 실제'를 연계하는 중요 매개체가 될 것이다.

---

summarY

수사법은 증거법의 공개된 평가기준(rubric)이다.

(수사측, 피고측) ① 수사기관은 수사법 조항을 정확하게 이해하고 준수해야 하며, 수사기관 이외의 관계자, 특히 변호인은 수사법 조항을 정확하게 이해하고 수사기관의 수사법 위반, 그 결과 발생할 수 있는 방어권, 조력권 침해 등에 대처해야 한다. ② 수사법 위반은 수사조서, 조사자 증언의 증거능력, 증명력 평가에 부정적 영향을 줄 수 있다.

실질적 진정성립 요건 및 특신상태 요건은 향후에도 일정한 기능을 할 것이다.

① 두 요건이 형사소송법상 다른 요건(예: 임의성)의 이름으로 기능할 가능성, 증명력 평가의 기준으로 기능할 가능성, 조사자 증언의 요건인 특신상태를 매개로 기능할 가능성, 탄핵증거 사용의 요건으로 기능할 가능성 등이 있다. ② 영상녹화물이 '수사법 조항 – 증거능력 평가에 관한 조항 – 증명력 평가에 관한 조항과 그 실제'를 연계하는 중요 매개체가 될 것이다.

---

3. 요약 및 안내

1) 요약

시중에 나와 있는 형사소송법 교과서를 보면, 수십 쪽에 달하는 지면을 할애하여 수사조서 문제를 다루고 있음을 알 수 있다. 이에 저자는 선택과 집중의 원리에 따라, 수사조서 진단과 처방에 필요한 핵심적 내용만을 선별하여 소개하였다. 지금까지 학습한 형사소송법 제312조의 개정과 수사조서의 의미, 수사조서에 관한 수사법과 증거법의 관계 및 그 내용을 요약하면 <그림 1>과 같다.

요하는 부분이므로, 여기에서는 현행 법령을 기준으로 설명을 이어가고자 한다.

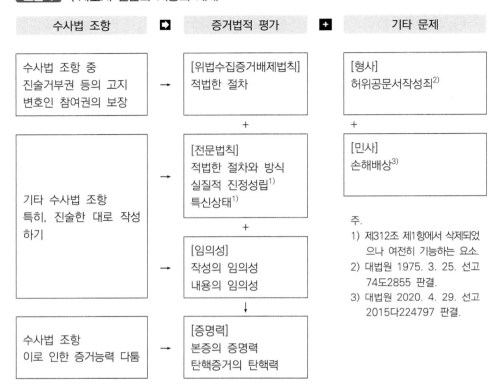

그림 1 수사조서 진단과 처방의 체계

수사법 조항	▶	증거법적 평가	✚	기타 문제
수사법 조항 중 진술거부권 등의 고지 변호인 참여권의 보장	→	[위법수집증거배제법칙] 적법한 절차		[형사] 허위공문서작성죄[2]
		+		+
기타 수사법 조항 특히, 진술한 대로 작성하기	→	[전문법칙] 적법한 절차와 방식 실질적 진정성립[1] 특신상태[1]		[민사] 손해배상[3]
		+		
	→	[임의성] 작성의 임의성 내용의 임의성		
		↓		
수사법 조항 이로 인한 증거능력 다툼	→	[증명력] 본증의 증명력 탄핵증거의 탄핵력		

주.
1) 제312조 제1항에서 삭제되었으나 여전히 기능하는 요소.
2) 대법원 1975. 3. 25. 선고 74도2855 판결.
3) 대법원 2020. 4. 29. 선고 2015다224797 판결.

<그림 1>을 보면, ① 진술거부권 등의 고지와 같이 중요한 수사법 조항을 위반한 경우에는 위법수집증거가 되고, 기타 수사법 조항을 위반한 경우에는 전문법칙 불충족으로 평가되며, 특히 조서가 진술한 대로 작성되지 않은 경우에는 실질적 진정성립, 특신상태, 임의성 등의 요건 불충족으로 평가되어 수사조서 또는 조사자 증언을 본증으로 사용할 수 없게 된다. ② 수사법 조항 위반 및 이로 인한 증거능력 다툼은 가사 당해 수사조서 또는 조사자 증언의 증거능력을 인정하고 본증으로 사용하기로 한 경우에도 그 증명력에 부정적 영향을 준다. 이 부분은 특히 피해자, 참고인 등의 진술조서에 대한 증거법적 평가에 있어 상대적으로 더 중요한 의미를 갖는다. 피의자신문조서와 달리 진술조서의 경우에는 원진술자가 그 내용을 부인해도 다른 요건이 충족되면 증거능력이 인정되고, 그래서 증명력 평가 국면에까지 접어들 확률이 높기 때문이다.

③ 실질적 진정성립 요건은 형사소송법 제316조의 특신상태 요건을 매개로 조사자 증언의 본증 사용에 영향을 줄 수 있고, 제317조의 임의성 요건을 매개로 수사조서의 본증 사용에 영향을 줄 수 있다. ④ 조서가 진술한 대로 작성되지 않은 경우를 포함하여 수사법 조항 위반이 있고 이로 인해 증거능력에 다툼이 있으면, 탄핵증거로서 수사조서의 탄핵력도 감쇄된다. 즉, 다른 조건이 동일하다면, 내용부인 조서의 탄핵력보다 왜곡된 조서의 탄핵력이 상대적으로 더 약하다. 전자는 원진술자의 의사라는 가치중립적 요소와 연관되는 반면, 후자는 통상 수사법 조항 위반이라는 가치함축적 문제와 연관되기 때문이다.

⑤ 수사법 조항의 위반, 특히 조서가 진술한 대로 작성되지 않은 경우에는 증거법적 문제 이외에도 허위공문서작성죄, 손해배상 등의 문제가 발생할 수 있다. 이 문제는 의무적 영상녹화의 범위 확대, 영상녹화물 열람·등사의 요건 완화, 수사조서와 영상녹화물을 비교·분석하는 방식의 연구[45] 및 변론[46]의 활성화 등에 따라 점차 가속화할 것으로 전망된다.

2) 안내

지금까지 형사소송법 제312조의 개정과 수사조서의 의미, 수사조서에 관한 수사법과 증거법의 관계 및 그 내용을 학습하고, 수사조서 진단과 처방의 체계를 개관해 보았다. 이를 통해 독자들은 수사조서 진단과 처방에 필요한 최소한의 배경지식을 얻었을 것으로 생각한다. 그러나 수사조서에 관한 수사법 조항의 수가 적지 않고, 수사조서에 관한 증거법 조항의 의미가 다의적·추상적이며, 수사법과 증거법의 조합을 통해 형성되는 경우의 수가 매우 다양하기 때문에, 구체적 사례를 통해 수사조서 진단 및 처방의 방법론을 터득할 필요가 있다. 이에 저자는 수사조서 진단을 「적법한 절차와 방식에 따라 작성되었는지」에 대한 진단(제2장), 「진술한 내용과 동일하게 작성되었는지」에 대한 진단(제3장), 「진술이 특히 신빙할 수 있는 상태하에서 행하여졌는지」에 대한 진단(제4장)으로 구분한 후, 구체적 사례 및 상세한 설명을 통해 수사조서 진단 및 처방의

---

45 이형근·조은경, 2014.
46 대법원 2014. 8. 26. 선고 2011도6035 판결.

방법론을 안내하고자 한다.

제2장에서는 적법한 절차와 방식에 따라 작성되었는지에 관한 진단공식을 소개하고, 진단공식에 따라 첫면, 고지면, 본면, 끝면, 서명면, 확인면 등의 지면별로 수사조서를 진단하는 방법을 설명할 것이다. 제3장에서는 진술한 내용과 동일하게 작성되었는지에 관한 진단기준을 소개하고, 진단기준에 따라 답변생략, 문답생략, 답변의 뚜렷한 조작, 답변의 미묘한 조작, 질문조작, 문답추가, 문답전환 등의 유형별로 수사조서를 진단하는 방법을 설명할 것이다. 제4장에서는 진술이 특히 신빙할 수 있는 상태하에서 행하여졌는지에 관한 진단기준을 소개하고, 진단기준에 따라 변호인의 조력권 침해 또는 남용, 조서왜곡, 기타 수사법 위반 등의 항목별로 수사조서를 진단하는 방법을 설명할 것이다.

제5장에서는 이상에서 학습한 방법론을 종합하여 독자들 스스로 수사조서를 진단하고 처방해 볼 기회를 제공할 것이다. 수사조서 진단과 처방 사례연습의 장에서 독자들은 저자가 실제 사건을 윤색하고 가공하여 제작한 수사조서 및 영상녹화물 녹취록을 '문'으로 삼아, 제2장부터 제4장까지에서 학습한 내용을 바탕으로 '답'을 찾은 후, 저자가 제공하는 '정답'과 비교해 보는 방식의 훈련을 하게 될 것이다. 그럼 이제 수사조서 진단과 처방의 첫 관문인 「적법한 절차와 방식에 따라 작성되었는지」에 대한 진단으로 들어가 보자.

「적법한 절차와 방식에 따라 작성되었는지」에 대한 진단

CHAPTER 02 「적법한 절차와 방식에 따라 작성되었는지」에 대한 진단

1. 진단공식

1) 이론

형사소송법상 수사조서는 "적법한 절차와 방식에 따라 작성된 것"만을 증거, 즉 본증으로 할 수 있다(제312조 제1항, 제3항, 제4항). 여기에서 적법한 절차와 방식은 "조서작성 과정에서 지켜야 할 진술거부권의 고지 등 형사소송법이 정한 제반 절차를 준수하고 조서의 작성 방식에도 어긋남이 없어야 한다"라는 요건이다.[47] 적법한 절차와 방식의 준수 여부를 판단하는 데에는 다양한 수사법 조항이 루브릭, 즉 평가기준으로 작용한다는 점,[48] 중요한 수사법 조항(예: 진술거부권 등의 고지)을 위반한 경우에는 제312조 이외에도 제308조의2가 적용되어 수사조서의 본증 사용은 물론 탄핵증거 사용도 불가능하다는 점[49]은 제1장에서 설명한 바 있다.

여기에서 유의할 점은 진술거부권 등의 고지, 변호인 참여권의 보장 등 중요한 수사법 조항 이외의 것 중에도 수사조서의 탄핵증거 사용에 영향을 줄 수 있는 요소가 있다는 사실이다. 즉, 형사소송법 제318조의2 제1항은 마치 어떤 수사조서가 제312조에 포함된 모든 요건을 불충족하는 경우에도 당해 조서를 탄핵증거로 사용할 수 있는 것처럼 규정하고 있으나,[50] 모든 수사조서는 적어

---

47 대법원 2013. 3. 28. 선고 2010도3359 판결.
48 주 25) 참고.
49 주 35) 참조.
50 제318조의2(증명력을 다투기 위한 증거) ①제312조부터 제316조까지의 규정에 따라 증거로 할 수 없는 서류나 진술이라도 공판준비 또는 공판기일에서의 피고인 또는 피고인이 아닌 자(공소제기 전에 피고인을 피의자로 조사하였거나 그 조사에 참여하였던 자를 포함한다.

도 성립의 진정 요건, 특히 형식적 진정성립 요건을 충족해야 탄핵증거로 사용할 수 있다는 것이 중론이다.[51] 따라서 수사법 조항 중 성립의 진정에 관한 조항(예: 제244조)은 수사조서의 본증 사용 및 탄핵증거 사용 모두에 영향을 준다.

적법한 절차와 방식 위반의 효과는 기본적으로 당해 조서 '전체'의 증거능력 불인정이다. 대법원은 형식적 진정성립이 인정되지 않는 사안에서 당해 조서 전체의 증거능력을 부정하였고,[52] 형식적 진정성립 이외의 적법한 절차와 방식을 위반한 사안에서도 당해 조서 전체의 증거능력을 부정한 바 있다.[53] 따라서 조서의 특정 페이지에 적법한 절차와 방식 위반이 있으면(예: 간인의 누락), 당해 페이지만 증거로 할 수 없는 것이 아니라, 적법한 절차와 방식 위반이 없는 페이지도 증거로 할 수 없게 된다.

요컨대, 수사조서에 관한 수사법 조항은 제312조의 "적법한 절차와 방식", 제308조의2의 "적법한 절차" 등을 매개로 수사조서의 본증 사용, 탄핵증거 사용 등에 영향을 주며, 그 영향은 적법한 절차와 방식 위반이 있는 특정 페이지뿐만 아니라 조서 전체에 미친다.

2) 공식

적법한 절차와 방식에 따라 작성되었는지에 관한 진단공식은 다음과 같이 매우 간결하다. 2007년 개정 형사소송법이 수사조서 작성에 있어서의 적법한 절차와 방식을 대폭 강화한 점, 2020년 개정 형사소송법이 피의자신문조서의 증거능력 인정요건을 획기적으로 강화한 점 등을 고려할 때, 이 진단공식에는 당분간 큰 변화가 없을 것으로 전망된다.

이하 이 조에서 같다)의 진술의 증명력을 다투기 위하여 증거로 할 수 있다.

51 신동운, 2014, 1310면; 이재상·조균석·이창온, 형사소송법(13판), 박영사, 2021, 714면; 이형근, 2020a, 165면.

52 대법원 2001. 9. 28. 선고 2001도4091 판결. 2007년 개정 형사소송법에 따라 구 형사소송법상 형식적 진정성립 요건이 적법한 절차와 방식 요건에 포섭되었다. 따라서 현행 형사소송법상 적법한 절차와 방식은 형식적 진정성립에 관한 것(예: 기명날인 또는 서명)과 형식적 진정성립 이외의 적법한 절차와 방식에 관한 것(예: 수사과정의 기록)으로 나뉜다.

53 대법원 2013. 3. 28. 선고 2010도3359 판결.

수사'법' 위반[54] → 적'법'한 절차와 방식에 따라 작성된 것 아님(제312조 제1항, 제3항, 제4항)

적'법'한 절차에 따르지 아니하고 수집한 증거일 수 있음(제308조의2)

　　수사조서에 관한 수사법 위반은 기본적으로 형사소송법 제312조가 규정하는 전문법칙 위반에 해당한다. 다만, 일정한 경우(예: 진술거부권 불고지)에는 당해 조서가 형사소송법 제308조의2에서 규정하는 위법수집증거가 될 수 있다. 또한, 수사법 조항 중 성립의 진정에 관한 조항(예: 제244조)은 수사조서의 본증 사용 및 탄핵증거 사용 모두에 영향을 준다는 점을 염두에 두고 수사조서의 각 지면에 대한 진단법을 학습해 보자.

2. 수사조서 지면별 진단

　　법무부령인 검찰사건사무규칙과 행정안전부령인 경찰수사규칙에는 피의자신문조서, 진술조서, 수사과정확인서 서식 등이 별지 서식으로 수록되어 있다. 검찰사건사무규칙의 경우 별지 제38호 서식이 피의자신문조서 서식이고, 별지 제40호 서식이 진술조서 서식이며, 별지 제44호 서식이 수사과정확인서 서식이다(<부록 3> 참고). 경찰수사규칙의 경우 별지 제27호 서식이 피의자신문조서 서식이고, 별지 제29호 서식이 진술조서 서식이며, 별지 제31호 서식이 수사과정확인서 서식이다(<부록 4> 참고). 두 수사기관의 피의자신문조서, 진술조서, 수사과정확인서 서식은 대체로 동일하나, 일부 차이가 있는 부분도 있다. 적법한 절차와 방식에 따라 작성되었는지의 진단에 있어 유의미한 차이는 지면별 진단 항목에서 언급하도록 하겠다.

　　통상 완성된 피의자신문조서는 첫면, 고지면, 본면, 끝면, 서명면, 확인면(수사과정확인서)의 6가지 지면으로 구성된다. 피해자, 참고인 등에 대한 진술조서는 고지면을 제외한 5가지 지면으로 구성된다. 피의자가 아닌 사람에게는 진술거부권 등을 고지하지 않기 때문이다. 고지면을 제외한 5가지 지면의 작성법

---

54 주 25) 참고.

은 피의자신문조서의 경우와 진술조서의 경우가 크게 다르지 않다. 여기에서는 6가지 지면을 모두 포함하고 있는 피의자신문조서를 기준으로 진단법을 살펴보고자 하며, 검사 또는 사법경찰관을 '조사자'로, 피의자, 피해자, 참고인 등을 '피조사자'로 각각 칭하고자 한다.

1) 첫면

첫면에는 서식의 제목(예: 피의자신문조서, 진술조서), 조사의 개요(예: 사건명, 일시, 장소, 조사자, 참여자), 피조사자의 인적사항(예: 성명, 주민등록번호, 직업, 주거, 등록기준지, 직장주소, 연락처), 조사자가 피조사자에게 사건의 요지를 설명하고 진술거부권과 변호인 조력권을 고지하였다는 취지 등이 기재되어 있다. <부록 3>과 <부록 4>를 통해서 알 수 있듯이, 조사자가 첫면에 기재해야 할 항목은 사전에 정형화되어 서식에 탑재되어 있으므로, 조사자는 첫면 서식에 탑재되어 있는 항목의 순서에 따라 관련 정보 또는 진술을 입력하면 된다. 따라서 수사조서의 첫면에서 오류가 발생하는 경우는 드물다.

다만, 수사조서의 첫면에 다음과 같은 오류가 있을 수 있음에 유의해야 한다. 먼저, 수사기관 이외의 장소에서 조서를 작성할 때(예: 출장조사, 구치소 방문조사), 첫면 상단의 조사 '일시'가 확인면의 조사 '시작시각'과 불일치하는 경우가 있다. 수사기관 내에서 형사사법정보시스템(KICS: Korea Information System of Criminal Justice Services)을 활용하여 조서를 작성할 때에는 시스템이 첫면 상단의 조사 '일시'와 확인면의 조사 '시작시각'을 실제 시각에 맞추어 현출해준다. 따라서 두 시각의 불일치 문제는 거의 발생하지 않는다. 그러나 수사기관 이외의 장소에서 수기 또는 노트북 등으로 조서를 작성하는 경우에는 시스템의 시각 정보 자동 현출 기능을 지원받을 수 없기 때문에 첫면 상단의 조사 '일시'가 확인면의 — 조사 '시작시각'이 아니라 — 조사 장소 '도착시각'과 매칭되어 있는 경우나 어느 시각과도 매칭되어 있지 않은 경우가 있다.

일견 사소한 문제로 보일 수도 있으나 조사 '일시' 부분은 적법한 절차와 방식에 따라 작성되었는지의 진단에 있어 중요한 부분이다. 이와 같은 작성 기준이 수사과정의 기록에 관한 형사소송법 제244조의4 제1항에 근거를 둔 것이어서, 이 작성 기준을 충족하지 못하는 수사조서는 증거로 할 수 없기 때문이다. 특히, 대통령령인 수사준칙 제26조 제2항이 "조사 대상자가 조사 장소에 도착한 시각과 조사를 시작한 시각 간에 상당한 시간적 차이가 있는 경우에는 그 이유"를 수사과정 확인서(확인면)에 기록하도록 하고 있어, 향후에는 조사 '일시'의 정확한 기록이 보다 더 중요해질 것으로 생각한다. 따라서 <그림 2>와 같이 첫면 상단의 조사 '일시'가 확인면의 조사 '시작시각'과 일치하는지를 확인하는 것이 적법한 절차와 방식에 따라 작성되었는지를 진단하는 출발점이 된다.

그림 2 조사 일시의 올바른 작성례

	작성례
첫 면	**피 의 자 신 문 조 서** 피 의 자 : 백정은 위의 사람에 대한 사기 피의사건에 관하여 <u>2020. 4. 19. 10:00경</u> 수연경찰서 수사과 경제팀 사무실에서 사법경찰관 경감 금반형은 사법경찰리 경사 박근면을 참여하게 하고, 아래와 같이 피의자임에 틀림없음을 확인하다.
확인면	<table><tr><td>구 분</td><td>내 용</td></tr><tr><td>1. 조사 장소 도착시각</td><td>2020. 4. 19. 09:50</td></tr><tr><td>2. 조사 시작시각 및 종료시각</td><td>☐ 시작시각 : <u>2020. 4. 19. 10:00</u> ☐ 종료시각 : 2020. 4. 19. 11:00</td></tr><tr><td>3. 조서열람 시작시각 및 종료시각</td><td>☐ 시작시각 : 2020. 4. 19. 11:05 ☐ 종료시각 : 2020. 4. 19. 11:30</td></tr></table>

다음으로, 첫면 상단의 조사 참여자 성명이 서명면상 조사 참여자의 기명 또는 서명과 불일치하는 경우가 있다. 조서를 작성한 직후 서명면에 조사 참여자의 기명날인 또는 서명을 받는 경우에는 두 부분의 불일치 문제가 발생하지 않는다. 그러나 사건의 종결 시점에 즈음하여 조사 참여자의 기명날인 또는 서명을 받게 되면 두 부분이 일치하지 않는 경우가 발생할 수 있다. 가령, 어떤 조사자의 조사에 통상 참여하던 A가 출장을 간 날 B를 참여시키고 조사 및 조서작성을 한 후, 한 달 뒤에 조사 참여자의 기명날인 또는 서명을 받는 경우를 생각해 볼 수 있다. 아마 첫면에 B의 성명이 기재되어 있음에도 불구하고 - 늘 그래왔던 습관에 따라 - 서명면에 A의 기명날인 또는 서명을 받을 가능성을 배제할 수 없다.

조사 참여자의 조사과정 참여는 형사소송법 제243조가 요구하는 적법한 절차와 방식이다. 따라서 이 부분에 다툼이 있으면 작성된 조서를 증거로 사용하는 데 문제가 발생할 수 있다. 한편, "피의자 신문에 실지 참여한 바 없는 사법경찰리를 참여한 것 같이 기재한 이상, 그 사법경찰리가 이를 묵시적으로 승낙할 의사가 있었다 하더라도 허위공문서작성죄가 성립하지 않는 것은 아니

그림 3 조사 참여자의 올바른 작성례

	작성례
첫 면	**피 의 자 신 문 조 서** 피 의 자 : 백정은 위의 사람에 대한 사기 피의사건에 관하여 2020. 4. 19. 10:00경 수연경찰서 수사과 경제팀 사무실에서 사법경찰관 경감 금반형은 사법경찰리 경사 박근면을 참여하게 하고, 아래와 같이 피의자임에 틀림없음을 확인하다.
서명면	사법경찰관　경감　금 반 형 (인) 사법경찰리　경사　박 근 면 (인)

[다]"라는 대법원 판결을 고려하면,[55] 조사 참여자의 정확한 기록은 증거법적 문제뿐만 아니라 형법적 문제와도 연관되는 중요한 문제임에 틀림없다. 따라서 <그림 3>과 같이 첫면 상단의 조사 참여자 성명이 서명면상 조사 참여자의 기명 또는 서명과 일치하는지를 확인해야 한다.

2) 고지면

고지면의 상단에는 서식의 제목, 진술거부권 및 변호인 조력권에 관한 네 가지 사항이 사전에 정형화되어 탑재되어 있다. 네 가지 사항은 "1. 귀하는 일체의 진술을 하지 아니하거나 개개의 질문에 대하여 진술을 하지 아니할 수 있습니다. 1. 귀하가 진술을 하지 아니하더라도 불이익을 받지 아니합니다. 1. 귀하가 진술을 거부할 권리를 포기하고 행한 진술은 법정에서 유죄의 증거로 사용될 수 있습니다. 1. 귀하가 신문을 받을 때에는 변호인을 참여하게 하는 등 변호인의 조력을 받을 수 있습니다."로 구성되어 있다. 고지면의 하단에는 진술거부권 등을 고지 받았는지, 진술거부권을 행사할 것인지, 변호인 조력권을 행사할 것인지에 관한 세 쌍의 문답란이 있다. 세 쌍의 문답란에서 '문' 부분은 조서 서식에 미리 탑재되어 있는 반면, '답' 부분은 공란으로 되어 있다. 고지면 상단의 고지 사항과 하단의 문답은 형사소송법 제244조의3 제1항 및 제2항에 근거를 두고 있다. 실무에서 고지면 상단에 따라 진술거부권 등을 고지하지 않거나, 고지면 하단의 '문' 부분을 질문하지 않는 경우는 드물다. 반면, 고지면 하단의 '답' 부분을 적법한 절차와 방식에 따라 작성하지 않는 경우는 종종 있다. 통상 실무에서는 <그림 4>와 같이 고지면 하단의 '답' 부분을 피의자로 하여금 자필로 기재하도록 하고 있다. 이는 형사소송법 제244조의3 제2항에 규정된 적법한 작성 방식 중 하나다.

---

55 대법원 1966. 9. 6. 선고 66도874 판결.

그림 4 고지면 답란의 올바른 작성례

	작성례
제1문	문 : 피의자는 위와 같은 권리들이 있음을 고지받았는가요 답 : 예. 근거받았습니다.
제2문	문 : 피의자는 진술거부권을 행사할 것인가요 답 : 아니요. 진술하겠습니다.
제3문	문 : 피의자는 변호인의 조력을 받을 권리를 행사할 것인가요 답 : 아니요. 혼자 조사받겠습니다.

제1문은 제2문 및 제3문과 규범적 지위가 다르다. 제2문 및 제3문은 "피의자가 진술을 거부할 권리와 변호인의 조력을 받을 권리를 행사할 것인지의 여부를 질문하고, 이에 대한 피의자의 답변을 조서에 기재하여야 한다."라는 형사소송법 제244조의3 제2항 전문에 근거를 두고 있는 반면, 제1문은 검찰사건사무규칙 별지 제38호 서식, 경찰수사규칙 별지 제27호 서식 등에 근거를 두고 있기 때문이다. 다만, 세 쌍의 문답은 공히 진술거부권 등의 고지를 담보하기 위한 장치이므로, 여기에서는 문답 간의 규범적 지위 차이를 고려하지 않고 그 적법한 작성 방식을 살펴보기로 하자.

실무에서는 <그림 4>와 같이 답란을 피의자로 하여금 자필로 기재하도록 하고 있으나, 형사소송법 제244조의3 제2항은 자필 이외의 답란 기재 방식을 두 가지 더 규정하고 있다. 즉, 형사소송법 제244조의3 제2항 후문은 "이 경우 피의자의 답변은 피의자로 하여금 자필로 기재하게 하거나 검사 또는 사법경찰관이 피의자의 답변을 기재한 부분에 기명날인 또는 서명하게 하여야 한다."라고 규정하고 있어, <그림 5>와 같이 '조사자의 타이핑 + 피조사자의 기명날인' 또는 '조사자의 타이핑 + 피조사자의 서명'도 가능하다. 가령, 피조사자가 글을 쓰지 못하는 경우에는 조사자가 피조사자의 답변을 타이핑한 후 피조사자로 하여금 그 부분에 기명날인 또는 서명을 하게 할 수 있고, 피조사자가 자신의 성명을 쓰지 못하는 경우에는 조사자가 피조사자의 답변과 성명까지 타이핑한 후 피조사자로 하여금 그 부분에 날인하게 할 수 있다.

그림 5 고지면 답란의 올바른 작성례

	작성례
타이핑 + 기명날인	문 : 피의자는 진술거부권을 행사할 것인가요 답 : 아니요. 진술하겠습니다. 백정은 (인)
타이핑 + 서명	문 : 피의자는 변호인의 조력을 받을 권리를 행사할 것인가요 답 : 아니요. 혼자 조사받겠습니다. 백정은

요컨대, 고지면 하단의 답란은 '자필', '타이핑 + 기명날인' 또는 '타이핑 + 서명' 중 한 가지 방식으로 작성되어야 한다. 이와 같은 작성 기준에서 벗어나 답란을 작성한 조서는 증거로 할 수 없다.[56] 현재는 고지면 하단의 답란을 피의자로 하여금 자필로 기재하게 하는 관행이 비교적 잘 정착되어 있다. 다만, 형사소송법 제244조의3 제2항 후문에 대한 정밀한 이해 부족으로 인해 고지면 하단의 답란을 <그림 6>과 같이 '타이핑 + 날인'의 방식으로 기록하는 예가 드물게 있어 주의를 요한다. '타이핑 + 기명날인'은 적법한 방식인 반면, '타이핑 + 날인'은 적법한 방식이 아니기 때문이다.

그림 6 고지면 답란의 그릇된 작성례

	작성례
타이핑 + 날인	문 : 피의자는 변호인의 조력을 받을 권리를 행사할 것인가요 답 : 아니요. 혼자 조사받겠습니다. (인)

---

56 대법원 2013. 3. 28. 선고 2010도3359 판결.

피의자가 아닌 피조사자(예: 피해자, 참고인)의 조사에 있어서는 고지면을 작성하지 않는다. 다만, 수사기관에서는 일정 수준의 혐의를 받고 있는 참고인, 즉 '피혐의자'의 조사에 있어서도 고지면을 작성하고 있다.[57] 따라서 피의자신문조서와 피혐의자의 진술조서 중 고지면을 진단할 때에는 <그림 4>, <그림 5>와 같이 하단의 답란이 '자필', '타이핑 + 기명날인' 또는 '타이핑 + 서명' 중 어느 한 가지 방식으로 작성되어 있는지를 확인해야 한다.

3) 본면

본면은 서식의 제목 없이 문으로 시작하여 답으로 끝난다. 통상, 첫면, 고지면, 끝면, 서명면, 확인면은 한 장 분량이기 때문에 전체 조서의 분량을 좌우하는 것은 본면의 분량이다. 본면의 분량은 사안과 상황에 따라 가변적이며, 피의자신문조서를 기준으로 통상 10쪽 내외에 달한다.[58] 본면에서 적법한 절차와 방식에 따라 작성되었는지의 진단 대상은 간인뿐이다. 실제 문답과 조서상 문답의 동일성 등은 '진술한 내용과 동일하게 작성되었는지'의 진단 대상이며, 조서 검토만으로는 동일성 등을 진단할 수 없기 때문이다. 간인은 첫면 뒤에서 시작하여 확인면 – 첨부 서류가 있을 때에는 첨부 서류의 마지막 면 – 앞까지 이어진다. 따라서 간인은 전체 조서 및 첨부 서류의 연계성을 담보하는 기능을 한다. 조서에는 조사자와 피조사자가 함께 간인을 해야 한다. 조사자 간인의 법적 근거는 형사소송법 제57조이고, 피조사자 간인의 법적 근거는 형사소송법 제244조 제3항이다. 따라서 조서에 간인이 누락되면 그 조서를 증거로 할 수 없다.[59]

조서작성법 또는 조서진단법 강의 중 수강자들이 간인과 관련하여 자주 하는 두 가지 질문이 있다. 하나는 조사자 간인과 피조사자 간인의 위치에 관한 질문이고, 다른 하나는 무인의 법적 근거에 관한 질문이다. 먼저, 경찰청 소속 수사관은 <그림 7>과 같이 통상 조서의 좌에 조사자의 간인을 하고 조서

---

57 검찰사건사무규칙 제43조, 2017. 6. 1. 경찰청 수사기획과−10017 '참고인(피혐의자) 진술조서 작성 시 진술거부권 고지 철저 지시'
58 이형근·조은경, 2014, 36면.
59 대법원 1999. 4. 13. 선고 99도23 판결.

의 우에 피조사자의 간인을 한다. 검찰청 소속 검사나 수사관은 이와 반대로 간인을 한다. 조서 작성에 관한 법령은 간인의 위치에 관한 규정을 두고 있지 않다. 따라서 조사자 간인과 피조사자 간인의 위치는 어느 기준을 따르더라도 무방할 것으로 생각한다.

그림 7 경찰청 소속 수사관의 간인 예시

	작성례	
앞면의 뒤	(印)	(署名)
본면의 앞	(印) 고 저에게 26,500,000원을 준 것입니다. 문 : 쌀국수 사업에 대해 강말녀에게 설명한 내용을 자세히 진술해보세요.	(印)

다음으로, 형사소송법 제59조는 "공무원 아닌 자가 작성하는 서류에는 연월일을 기재하고 기명날인 또는 서명하여야 한다. 인장이 없으면 지장으로 한다"라고 규정하고 있다. 따라서 피조사자는 인장 대신 지장으로 간인을 할 수 있다. 한편, 경찰청훈령인 범죄수사규칙 제39조 제6항은 "인장이 없으면 날인 대신 무인하게 할 수 있다."라고 규정하고 있다. 생각건대, 피조사자의 경우 날인 대신 무인으로 간인을 하더라도 무방할 것으로 생각한다. 다만, 조사자의 경우에는 날인을 무인으로 대체할 수 있는 규정이 없다는 점에 유의해야 한다. 따라서 검사나 사법경찰관은 무인이 아니라 반드시 날인으로 간인을 해야 한다. 이와 같은 작성 기준은 간인뿐만 아니라 날인에 관한 다른 부분(예: 기명날인)에도 동일하게 적용된다.

4) 끝면

끝면은 조서의 끝면이 아니라 본면의 끝면을 의미한다. 통상 끝면에는 실질적 진정성립에 관한 문답, 내용인정에 관한 문답, 이익되는 사실 등에 관한 문답 등을 기재한다. 그러나 고지면 하단의 문답과 달리 끝면의 문답은 조서 서식에 미리 탑재되어 있지 않아[60] 조사자에 따라 끝면의 문답을 작성하는 방식이 제각각이다. 실무에서 가장 빈번하게 이루어지는 형태는 조사자가 "이상의 진술이 사실인가요", "참고로 더 할 말이 있나요"라는 두 가지 질문을 하고, 이에 대한 피조사자의 답변을 자필로 기재하게 하는 방식이다. 그러나 이와 같은 방식은 형사소송법이 요구하는 작성 기준을 충족하지 못한다. 형사소송법 제244조 제2항이 "진술한 대로 기재되지 아니하였거나(실질적 진정성립 여부) 사실과 다른 부분의 유무(내용인정 여부)를 물어"라고 규정하고 있기 때문이다. 따라서 끝면에는 <그림 8>과 같이 실질적 진정성립에 관한 문답과 내용인정에 관한 문답이 모두 기재되어야 한다.

그림 8 끝면의 올바른 작성례

	작성례
제1문	문 : 조서가 피의자가 진술한 대로 작성되어 있나요. 답 : 예.
제2문	문 : 조서의 기재내용 중 사실과 다른 부분이 있나요. 답 : 없습니다.
제3문	문 : 피의자에게 이익되는 사실 또는 참고로 더 할 말이 있나요. 답 : 없습니다.

---

60 <부록 3>, <부록 4>를 보면, 검찰의 조서 서식에만 "문: 조서에 진술한 대로 기재되지 아니하였거나 사실과 다른 부분이 있는가요. 답: (자필기재)"라는 문답이 탑재되어 있음을 알 수 있다. 수범이 되는 예라고 생각한다. 다만, 이 질문은 복합질문으로 "동시에 두 개 이상의 쟁점에 대한 답변을 요구하고 있어 답변하는 사람이 하나의 질문에 대하여만 답변하고 나머지 질문에 대하여는 답변을 하지 않아 어떤 질문에 답변한 것인지 여부를 불분명하게 만들 수 있는 위험성이 내포되어 있[으므로]"(의정부지방법원 2016. 3. 22. 선고 2014노2984 판결), 진술한 대로 기재되지 아니하였는지에 관한 질문과 사실과 다른 부분이 있는지에 관한 질문을 분리하여 탑재할 필요가 있을 것으로 생각한다.

제1문 및 제2문과 제3문은 규범적 지위가 다르다. 제1문 및 제2문은 형사소송법 제244조 제2항에 근거를 두고 있는 반면, 제3문은 관련 법령에서 직접적인 근거를 발견하기 어렵다. 다만, 형사소송법 제242조의 "그 이익되는 사실을 진술할 기회를 주어야 한다"라는 규정과 실무에서 빈번하게 이루어지고 있는 "참고로 더 할 말이 있나요"라는 질문이 제3문의 간접적 근거가 될 것으로 생각한다. 다만, 세 쌍의 문답은 공히 진술 기재 및 내용의 동일성을 담보하기 위한 장치이므로, 여기에서는 문답 간의 규범적 지위 차이를 고려하지 않고 그 적법한 작성 방식을 살펴보기로 하자.

이 부분 답란의 기록 방식은 오로지 '자필'이다. 형사소송법 제244조 제3항이 "조서에 대하여 이의나 의견이 없음을 진술한 때에는 피의자로 하여금 그 취지를 자필로 기재하게" 하도록 규정하고 있기 때문이다. 고지면 하단의 답란을 기록하는 방법이 세 가지인 것과 대조되는 지점이다. 따라서 이 부분 답란은 <그림 8>과 같이 반드시 피조사자의 자필로 작성되어 있어야 한다.

조서작성법 또는 조서진단법 강의 중 수강자들이 끝면과 관련하여 자주 하는 두 가지 질문이 있다. 하나는 피조사자가 글을 쓰지 못하는 경우에 관한 질문이고, 다른 하나는 제3문의 답변 끝에 날인(세칭 '말미인')을 하는 이유에 관한 질문이다. 먼저, 형사소송법은 끝면의 답란 기재에 있어 피조사자가 글을 쓰지 못하는 경우에 선택 가능한 작성 방법을 규정하고 있지 않다. 즉, '타이핑 + 기명날인' 또는 '타이핑 + 서명'을 허용하고 있지 않다. 그러나 경찰청훈령인 범죄수사규칙 제41조에 "진술자의 문맹 등 부득이한 이유로 서류를 대신 작성하였을 경우에는 대신 작성한 내용이 본인의 의사와 다름이 없는가를 확인한 후 그 확인한 사실과 대신 작성한 이유를 적고 본인과 함께 기명날인 또는 서명하여야 한다"라는 규정이 있으므로, 이 작성 기준에 따라 <그림 9>와 같이 끝면의 답란을 작성할 수 있을 것으로 생각한다.

그림 9 끝면의 대서 예시

	작성례
대서	문 : 조서가 피의자가 진술한 대로 작성되어 있나요. 답 : 예.
이유기재 + 기명날인	피의자가 글을 쓰지 못하는 문맹이어서 사법경찰관 경감 금반형이 피의자로부터 "예."라는 진술을 청취하고 이를 조서에 대신 기재하였음. 금반형(인) 백정은(인)

다음으로, 형사소송법과 하위 법령에 제3문의 답변 끝에 날인을 하도록 하는 규정은 없다. 따라서 말미인을 누락하더라도 적법한 절차와 방식 위반에 해당하지는 않을 것으로 생각한다. 다만, 조서의 경우에는 다른 수사서류와 달리 위조 방지를 위한 전자적 장치(예: 문서 아래의 전자띠)가 없는 점을 고려하여 <그림 8>과 같이 제3문의 답변 끝에 조사자와 피조사자가 함께 날인할 것을 권장하는 것이다. 이는 날인된 지점 이후에 기록된 문답은 두 사람이 검토 및 승인한 내용이 아님을 인증하는 의미를 갖는다.

요컨대, 끝면을 진단할 때에는 <그림 8> 또는 <그림 9> 중 어느 한 가지 방식으로 작성되어 있는지를 확인해야 하며, 제3문의 답변 끝에 조사자와 피조사자가 함께 말미인을 찍는 것은 단지 권장사항임을 염두에 두어야 한다.

5) 서명면

서명면의 상단에는 조서를 피조사자에게 열람하게 하거나 읽어준 바 오기나 증감·변경할 것이 없다고 하므로 간인 후 기명날인 또는 서명하게 한다는 취지가 정형화되어 탑재되어 있다. 따라서 조사자는 상황에 따라 일부 기재를 변경하는 정도의 수정만 가한다(예: 기명날인 또는 서명 → 서명날인). 그 아래에는 조서의 작성 연월일 및 피조사자, 조사자, 조사 참여자의 서명날인, 기명날인 또는 서명이 있다. <그림 10>과 같이 실무에서 피의자의 본인 표기는 거의 '서명날인'의 방식으로 이루어지는 반면, 조사자와 조사 참여자의 본인 표기는 '기명날인' 또는 '서명날인' 중 하나의 방식으로 이루어진다. 반면, 형사소송법이 요구하는 피조사자와 조사자 등의 본인 표기 방식은 <그림 11>과 같이 공히 '기명날인' 또는 '서명' 중 하나다(제57조, 제244조 제3항).

그림 10 서명면의 일반적 작성례

	작성례
피조사자	진 술 자 　백정은 [인]
조사자 참여자	사법경찰관 　경감 　금 반 형 [인] 사법경찰리 　경사 　박 근 면 [인]

그림 11 서명면의 올바른 작성례

	작성례
기명날인	진 술 자 　백정은 [인] 사법경찰관 　경감 　금 반 형 [인] 사법경찰리 　경사 　박 근 면 [인]
서명	진 술 자 　백정은 사법경찰관 　경감 　금반형 사법경찰리 　경사 　박근면

이와 같은 실무 관행은 1차적으로 형사사법정보시스템의 정보 현출 알고리즘에 기인한다. 형사사법정보시스템은 피의자신문조서 서명면의 진술자 란에 피의자의 성명을 현출해주지 않는다. 따라서 조사자는 피의자로 하여금 자신의 성명을 자필로 기재하도록 한다. 이로써 형사소송법이 피의자의 본인 표기 방식 중 하나로 설정한 '서명'이 이루어졌으나, 성명 옆에 '(인)'이라는 표시가 있어 서명 외에 '날인'까지 하게 된다. 반면, 형사사법정보시스템은 '진술조서' 서명면의 진술자 란에는 피해자, 참고인 등의 성명을 현출해준다. 따라서 피해자나 참고인의 본인 표기는 거의 '기명날인'의 방식으로 이루어진다. 형사사법정보시스템의 정보 현출 알고리즘은 2차적으로 피의자의 진술번복에 대비하고자 하는 수사기관의 의도에 기인한다. 즉, 기명날인을 한 조서보다 서명날인을 한 조서의 내용 또는 진정성을 부인하는 것이 심리적으로 더 어려울 것이라는 고려가 작용하였다는 것이다.[61]

피조사자의 본인 표기 방식 위반은 조서의 증거능력을 부정할 사유가 된다.[62] 그러나 피의자의 본인 표기를 '서명날인'으로 하는 방식은 이미 형사소송법이 설정한 본인 표기 방식 중 하나인 '서명'을 포함하고 있으므로, 여기에 날인을 추가했다고 하여 적법한 절차와 방식 위반으로 평가할 수는 없을 것 같다. 다만, 수사기관의 가정과 같이 기명날인을 한 조서보다 서명날인을 한 조서의 내용 또는 진정성을 부인하는 것이 심리적으로 더 어려울 가능성을 배제할 수 없으므로 형사사법정보시스템의 정보 현출 알고리즘을 형사소송법이 설정한 기준(피의자, 피해자, 참고인, 조사자, 조사 참여자 공히 기명날인 또는 서명)에 걸맞게 수정해야 할 것으로 생각한다.

요컨대, 서명면을 진단할 때에는 <그림 10> 또는 <그림 11> 중 어느 한 가지 방식으로 작성되어 있는지를 확인해야 하며, <그림 10>과 같은 방식보다는 <그림 11>과 같은 방식이 형사소송법이 요구하는 피조사자와 조사자 등의 본인 표기 방식에 더 부합한다는 점을 염두에 두어야 한다.

---

61 이형근, 피의자 신문의 이론과 실제, 경인문화사, 2021b, 203-204면.
62 대법원 1967. 9. 5. 선고 67도59 판결, 대법원 1993. 4. 23. 선고 92도2908 판결.

6) 확인면(수사과정확인서)

확인면은 조사의 일시 등 형사소송법 제244조의4, 수사준칙 제26조에 규정된 사항들을 기재하는 다수의 란으로 구성되어 있다. <부록 3>과 <부록 4>를 통해서 알 수 있듯이 검찰사건사무규칙 별지 제44호 수사과정확인서 서식과 경찰수사규칙 별지 제31호 수사과정확인서 서식에 정형화되어 탑재된 사항이 다소 다름을 알 수 있다. 즉, <그림 12>와 같이 검찰사건사무규칙 별지 제44호 수사과정확인서 서식은 "조사 대상자가 조사장소에 도착한 시각과 조사를 시작한 시각에 상당한 시간적 차이가 있는 경우에는 그 이유(4번 란)"와 "조사가 중단되었다가 재개된 경우에는 그 이유와 중단 시각 및 재개 시각(5번 란)"을 별도의 란에 기재하도록 되어 있는 반면, 경찰수사규칙 별지 제31호 수사과정확인서 서식은 이 두 가지 사항을 "기타 조사과정 진행경과 확인에 필요한 사항(4번 란)"란에 함께 기재하도록 되어 있다.

그림 12 수사기관별 수사과정확인서 서식

검찰사건사무규칙 별지 제44호 서식		경찰수사규칙 별지 제31호 서식	
1. 조사 장소 및 도착 시각		1. 조사 장소 도착시각	
2. 조사 시작 시각 및 종료 시각	☐ 시작 시각 : ☐ 종료 시각 :	2. 조사 시작시각 및 종료시각	☐ 시작시각 : ☐ 종료시각 :
3. 조서 열람 시작 시각 및 종료 시각	☐ 시작 시각 : ☐ 종료 시각 :	3. 조서열람 시작시각 및 종료시각	☐ 시작시각 : ☐ 종료시각 :
4. 조사 대상자가 조사장소에 도착한 시각과 조사를 시작한 시각에 상당한 시간적 차이가 있는 경우에는 그 이유		4. 기타 조사과정 진행경과 확인에 필요한 사항	
5. 조사가 중단되었다가 재개된 경우에는 그 이유와 중단 시각 및 재개 시각	☐ 중단 시각 : ☐ 재개 시각 : ☐ 이유:	5. 조사과정 기재사항에 대한 이의 제기나 의견진술 여부 및 그 내용	
6. 조사과정 기재사항에 대한 이의제기나 의견진술 여부 및 그 내용			

검찰사건사무규칙 별지 제44호 수사과정확인서 서식은 "조사 대상자가 조사장소에 도착한 시각과 조사를 시작한 시각에 상당한 시간적 차이가 있는 경우에는 그 이유" 기재 란과 "조사가 중단되었다가 재개된 경우에는 그 이유와 중단 시각 및 재개 시각" 기재 란을 구분하고 있어 시인성이 좋은 반면, 그 이외의 "기타 조사과정 진행경과 확인에 필요한 사항(예: 수갑 등 장구 사용 여부, 피조사자의 건강 상태)"을 기재할 란이 없다는 단점이 있다. 경찰수사규칙 별지 제31호 수사과정확인서 서식은 검찰사건사무규칙 별지 제44호 수사과정확인서 서식의 경우와 반대의 장단점을 갖는 것으로 볼 수 있다. 중요한 것은 어느 서식에 의하더라도 앞서 언급한 사유 또는 특이사항은 모두 수사과정확인서에 기재되어야 한다는 점이다.

경찰수사규칙 별지 제31호 수사과정확인서 서식을 기준으로 보면, 첫 번째 란에는 피조사자의 조사 장소 '도착시각'을 기재하고, 두 번째 란에는 조사 '시작시각' 및 '종료시각'을 기재하며, 세 번째 란에는 조서 열람 '시작시각' 및 '종료시각'을 기재한다(<그림 2>의 확인면 참고). 네 번째 란에는 조사과정의 '진행경과' 확인에 필요한 사항을 기재하고, 다섯 번째 란에는 확인면에 기재된 각 사항들에 관한 피조사자의 '이의나 의견'을 기재한다.

이 중 세 번째 란은 다른 란과 규범적 지위가 다르다. 첫 번째, 두 번째, 네 번째 란은 "조사장소에 도착한 시각, 조사를 시작하고 마친 시각, 그 밖에 조사과정의 진행경과를 확인하기 위하여 필요한 사항"을 기록해야 한다는 형사소송법 제244조의4 제1항에 근거를 두고 있고, 다섯 번째 란은 "제244조 제2항 및 제3항"을 수사과정확인서에 준용한다는 형사소송법 제244조의4 제2항에 근거를 두고 있는 반면, 세 번째 란은 경찰수사규칙, 검찰사건사무규칙 등 하위 법령의 별지 서식에 근거를 두고 있기 때문이다. 다만, 다섯 개의 란은 공히 조사에 관한 주요 정보를 정밀하게 기록하여 조사과정의 투명성을 담보하기 위한 장치이므로, 여기에서는 각 란의 규범적 지위 차이를 고려하지 않고 그 적법한 작성 방식을 살펴보기로 하자.

첫 번째, 두 번째, 세 번째 란은 기본적으로 조사자가 타이핑하여 기재하면 된다. 형사소송법 제244조의4 제1항이 무엇을 기재해야 할지를 규정하고 있을 뿐, 어떻게 기재해야 할지를 규정하고 있지 않기 때문이다. 다만, 세 번째 란의 조서 열람 '종료시각'은 조서를 출력하는 시점에 알 수 없는 부분이기 때문에 피조사자가 조서 열람을 종료하면 조사자가 그 시각을 '수기'로 기록해야 한다. 네 번째 란에는 조사과정에서 발생한 특이사항을 기재해야 한다. 조사과정에서 피조사자에게 수갑 등의 장구를 사용한 경우가 특이사항에 해당한다. 한편, 수사준칙 제26조 제2항이 "조사 대상자가 조사장소에 도착한 시각과 조사를 시작한 시각에 상당한 시간적 차이가 있는 경우에는 그 이유" 및 "조사가 중단되었다가 재개된 경우에는 그 이유와 중단 시각 및 재개 시각"을 수사과정확인서에 기록하도록 규정하고 있으므로, 이와 같은 경우가 발생하면 그 사실을 네 번째 란에 기재해야 한다. <그림 13>과 같이 네 번째 란도 조사자가 타이핑하여 기재하면 된다.

다섯 번째 란에는 수사과정확인서에 기재된 사항에 관한 피조사자의 '이의나 의견'을 기재해야 한다. 여기에서 유의할 것은 다섯 번째 란은 반드시 피조사자로 하여금 자필로 기재하게 하여야 한다는 점이다. 형사소송법 제244조의4 제2항이 "제244조 제2항 및 제3항"을 수사과정확인서에 준용하도록 규정하고 있기 때문이다. 즉, 조사자는 수사과정확인서를 피조사자에게 열람하게 하거나 읽어준 후 오기나 증감·변경할 것이 있는지를 확인하고(제244조 제2항의 준용), 피조사자가 이의나 의견이 없음을 진술한 때에는 피조사자로 하여금 그 취지를 자필로 기재하게 하여야 한다(제244조 제3항의 준용). 앞부분은 수사과정확인서 다섯 번째 란의 좌측에 정형화되어 탑재되어 있으므로, 조사자는 <그림 13>과 같이 수사과정확인서 다섯 번째 란의 우측을 피조사자가 '자필'로 기재하도록 해야 한다.

그림 13 수사과정확인서 네 번째 란, 다섯 번째 란의 올바른 작성례

		작성례
4번란	4. 그밖에 조사과정 진행경과 확인에 필요한 사항	없음
5번란	5. 조사과정 기재사항에 대한 이의제기나 의견진술 여부 및 그 내용	없습니다.

피조사자가 글을 쓰지 못하는 때에는 <그림 14>와 같이 – 즉, 조서 끝면의 경우와 같이 – 조사자가 피조사자의 답변을 대서하고 그 이유를 기재한 후 피조사자와 함께 기명날인 또는 서명할 수 있다.

그림 14 수사과정확인서 다섯 번째 란의 대서 예시

		작성례
5번란	5. 조사과정 기재사항에 대한 이의제기나 의견진술 여부 및 그 내용	없습니다. 피의자가 글을 쓰지 못하는 문맹이어서 사법경찰관 경감 금반형이 피의자로부터 "없습니다."라는 진술을 청취하고 이를 수사과정확인서에 대신 기재하였음. 금반형 ㊞ 백정은 ㊞

요컨대, 확인면을 진단할 때에는, 내용적인 측면에서 수사과정확인서에 기재하여야 할 제반 사항, 특히 "조사 대상자가 조사장소에 도착한 시각과 조사를 시작한 시각에 상당한 시간적 차이가 있는 경우에는 그 이유"와 "조사가 중단되었다가 재개된 경우에는 그 이유와 중단 시각 및 재개 시각"이 누락되지 않았는지를 확인해야 하며, 형식적 측면에서 수사과정확인서의 각 란들이 <그림 2>의 확인면, <그림 13> 또는 <그림 14>와 같은 방식으로 작성되어 있는지를 확인해야 한다.

3. 요약 및 안내

1) 요약

지금까지 조서 서식의 통상적인 순서, 즉 첫면, 고지면, 본면, 끝면, 서명면, 확인면 순으로 적법한 절차와 방식에 따라 작성되었는지의 진단법을 학습해 보았다. 학습한 내용을 요약하면 <표 1>과 같다.

표 1 적법한 절차와 방식에 따라 작성되었는지의 진단 요약

	작성방법	법적근거
첫면	첫면 '일시'와 확인면 조사 '시작시각'을 같게	형사소송법 제244조의4 제1항
	첫면 조사 참여자와 서명면 조사 참여자를 같게	형사소송법 제243조
고지면	하단의 답란은 자필, 타이핑 + 기명날인, 타이핑 + 서명 중 하나의 방법으로	형사소송법 제244조의3 제2항
본면	간인이 누락되지 않도록	형사소송법 제244조 제3항
끝면	실질적 진정성립, 내용인정 여부 모두 질문	형사소송법 제244조 제2항
	답변은 자필 (대서가 필요한 경우 외)	형사소송법 제244조 제3항 (범죄수사규칙 제41조)
서명면	조사자, 피조사자 모두 기명날인 또는 서명	형사소송법 제57조 제1항, 제244조 제3항
확인면	1, 2, 3, 4번 란은 타이핑 (열람종료 시각은 수기)	형사소송법 제244조의4 제1항
	4번 란에 도착시각과 시작시각 간의 차이, 조사중단 등의 사유 기재	수사준칙 제26조 제2항
	5번란은 자필 (대서가 필요한 경우 외)	형사소송법 제244조 제2항, 제3항, 제244조의4 제2항 (범죄수사규칙 제41조)

진단의 토대가 되는 관련 법령은 <부록 5>와 같고, 학습한 내용을 종합하여 제시할 수 있는 피의자신문조서의 올바른 작성례는 <부록 6>과 같다. <부록 6>은 일종의 '**정답지**'이므로 적법한 절차와 방식에 따라 작성되었는지의 진단은 기본적으로 <부록 6>과 진단 대상 조서를 대조하는 방법으로 수행하되, 의문이 있는 부분은 <부록 5>의 관련 법령 및 이 책의 내용을 참고하여 진단하면 될 것으로 생각한다.

2) 안내

적법한 절차와 방식에 따라 작성하기는 법령상의 기준을 준수하기가 비교적 쉬운 반면, 기준 위반의 효과는 조서 전체에 미치는 중요한 국면이다. 따라

서 수사측은 이 책에서 학습한 바를 참고하여 적법한 절차와 방식에 따라 작성하기에서 오류가 발생하지 않도록 교육, 훈련 및 지도를 하여야 할 것이다.

피고측에서는 진단 대상 조서에서 적법한 절차와 방식에 따라 작성되어 있지 아니한 부분이 있을 경우 형사소송법 제308조의2 또는 제312조 제1항, 제3항, 제4항에 따라 당해 조서의 증거능력 없음, 즉 본증으로 사용할 수 없음을 다투어야 할 것이다. 특히, 간인이 누락된 경우, 기명날인 또는 서명에 오류가 있는 경우, 끝면에 실질적 진정성립 여부에 관한 질문이 없는 경우 등 조서의 진정성립에 하자가 있는 경우에는 당해 조서를 탄핵증거, 즉 증명력을 다투기 위한 증거로도 사용할 수 없음을 다투어야 할 것이다.

---

summarY

적법한 절차와 방식에 따라 작성되었는지의 '진단공식'

수사'법' 위반 → 적'법'한 절차와 방식에 따라 작성된 것 아님(제312조 제1항, 제3항, 제4항)
적'법'한 절차에 따르지 아니하고 수집한 증거일 수 있음(제308조의2)

적법한 절차와 방식에 따라 작성되었는지의 '진단방법'

① 〈부록 6〉과 진단 대상 조서를 대조하는 방법으로 진단한다.
② 의문이 있는 부분은 〈부록 5〉의 관련 법령 및 이 책의 내용을 참고하여 진단한다.

수사측과 피고측의 '대응법'

(수사측) 적법한 절차와 방식에 따라 작성하기에서 오류가 발생하지 않도록 교육, 훈련 및 지도를 하여야 한다.

(피고측) ① 적법한 절차와 방식에 따라 작성되어 있지 아니한 부분이 있을 경우 본증으로 사용할 수 없음을 다투어야 한다. ② 진정성립에 하자가 있는 경우에는 탄핵증거로도 사용할 수 없음을 다투어야 한다.

「진술한 내용과 동일하게 작성되었는지」에 대한 진단

CHAPTER 03 「진술한 내용과 동일하게 작성되었는지」에 대한 진단

1. 진단기준

1) 이론

조서제도는 내용적으로 주관적이고 절차적으로 간접적이기 때문에 본질적으로 취약성을 띤다. 그럼에도 불구하고 우리 입법자는 조서를 형사절차상 의사결정의 재료로 삼고 있다. 전자의 내용적 주관성은 기억의 취약성과 사고의 역동성으로 인해 불가피한 면이 큰 문제인 반면, 후자의 절차적 간접성은 이에 대한 적절한 규율을 통해 그 부작용을 줄일 수 있는 문제. 형사소송법과 하위 법령은 절차적 간접성의 문제를 최소화하기 위해 조사, 조서작성, 조서에 대한 증거법적 평가 등의 국면을 촘촘하게 규율하고 있는데, 일련의 국면을 관통하는 기준 중 핵심이 되는 것이 '진술한 내용과 동일하게 작성하기'다.

피조사자의 진술은 의사결정자(예: 법관)가 직접 청취하고 평가하는 것이 '최선'이다. 따라서 피조사자의 진술을 기록한 조서를 의사결정자가 간접적으로 열람하고 평가하는 '차선'의 운용에 있어서는 원래의 진술과 조서에 기재된 내용 간의 동일성 담보가 가장 중요한 요소가 된다. 그러나 실무에서 속기록을 작성하듯이 피조사자의 진술을 그대로 조서에 기재하기는 어렵다. 대법원도 이와 같은 정도의 동일성을 요구하지는 않는다.[63] 그러나 '구성요건적 사실'이나 '핵심적 정황'에 관한 피조사자의 진술은 '생략, 조작, 추가'됨이 없이 조서에 온전히 기록되어야 한다는 것이 대법원의 일관된 입장이다.[64]

---

[63] 대법원 2014. 8. 26. 선고 2011도6035 판결.
[64] 대법원 2014. 8. 26. 선고 2011도6035 판결, 대법원 2013. 3. 14. 선고 2011도8325 판결.

진술한 내용과 동일하게 작성되었는지는 기본적으로 실질적 진정성립 요건과 연관되는 문제다. 앞서 2020년 개정 형사소송법이 피의자신문조서에 관한 제312조 제1항에서 실질적 진정성립 요건을 삭제하였으나, 이 요건이 형사소송법상 다른 요건(예: 임의성)의 이름으로 기능할 가능성, 증명력 평가의 기준으로 기능할 가능성, 조사자 증언의 요건인 특신상태를 매개로 기능할 가능성, 탄핵증거 사용의 요건으로 기능할 가능성이 있음을 설명한 바 있다.[65] 또한, 2020년 개정 형사소송법은 진술조서에 관한 제312조 제4항의 실질적 진정성립 요건은 손대지 않았다. 따라서 진술한 내용과 동일하게 작성되었는지의 진단과 실질적 진정성립 요건의 검토는 향후에도 여전히 필요하고 중요한 과업이다.

한편, 피의자신문조서가 공문서라는 점, 그래서 진술한 내용과 다르게 작성된 조서는 허위공문서가 될 수 있다는 점, 조서왜곡에 대하여 손해배상 판결이 확정된 예가 있다는 점도 앞서 언급하였다.[66] 따라서 진술한 내용과 동일하게 작성되었는지의 진단은 증거법적 다툼뿐만 아니라 별도의 민·형사적 다툼과도 연관되는 과업이다. 저자는 조서작성법 또는 조서진단법 강의를 할 때, 신문과 조사는 대체로 '파란' 영역이고, 조서작성은 대체로 '빨간' 영역이라는 비유를 한다. 전자가 지금보다 좀 더 잘 해보자는 영역이라면, 후자는 현행 법령보다 더 못하지 말자는 영역이라는 의미다. 이런 관점에서 보면, 진술한 내용과 동일하게 작성되었는지의 문제는 빨간 영역 중에서도 '새빨간' 영역에 해당한다. 적법한 절차와 방식에 따라 작성하기의 문제는 그 영향이 대체로 증거법적 다툼에까지만 미치지만, 진술한 내용과 동일하게 작성되었는지의 문제는 그 영향이 별도의 민·형사적 다툼에까지 미치기 때문이다.

요컨대, 진술한 내용과 동일하게 작성되었는지의 문제는 형사소송법 제308조의2, 제312조, 제316조, 제317조, 제318조의2 등을 매개로 수사조서의 본증 사용, 탄핵증거 사용, 조사자 증언 및 그 증명력에 영향을 주며, 경우에 따라서는 별도의 민·형사적 다툼을 촉발할 수도 있다.

---

65 주 36), 주 37) 참고.
66 주 12), 주 13) 참고.

2) 기준

진술한 내용과 동일하게 작성되었는지의 진단에 있어서는, 적법한 절차와 방식에 따라 작성되었는지의 진단에서와 같이, 간결한 진단공식을 제시하기가 어렵다. 관련 법령에 규정된 적법한 절차와 방식은 고정적인 반면, 피조사자의 진술 내용과 방식, 이를 조서로 옮길 때 발생할 수 있는 오류는 유동적이기 때문이다. 따라서 여기에서는 관련 법령, 판례, 연구 등을 종합하여 진술한 내용과 동일하게 작성되었는지의 진단에 관한 일응의 진단기준을 '무엇을'과 '어떻게'로 구분하여 제시해 보고자 한다.

앞서 피조사자의 진술을 빠짐없이 조서에 기재하기는 어렵고, 대법원도 이와 같은 정도의 동일성을 요구하지는 않는다고 하였다. 그렇다면 진술한 내용과 동일하게 작성하기에 요구되는 동일성의 수준을 구체적으로 알 필요가 있다. '내용적'으로 어떤 부분을 '형식적'으로 어떻게 작성해야 하는지 하나씩 살펴보자.

먼저, 내용적 측면에서 혐의사실, 정상, 피조사자에게 이익되는 사실에 관한 진술을 조서에 동일하게 기재하여야 한다. 형사소송법 제242조가 피의자신문에 관하여 "범죄사실과 정상에 관한 필요 사항을 신문하여야 하며 그 이익되는 사실을 진술할 기회를 주어야 한다"라고 규정하고 있고, 이와 같은 내용적 요소는 피의자가 아닌 피조사자의 조사에 있어서도 크게 다르지 않기 때문이다. 대법원도 '구성요건적 사실'이나 '핵심적 정황'에 관한 진술이 온전히 기록되어 있지 않은(예: 생략, 조작) 조서의 증거능력을 부정한 바 있다.[67] 요컨대, 혐의사실, 정상, 이익되는 사실, 핵심적 정황에 관한 피조사자의 진술은 조서에 온전히 기재되어야 한다.

다음으로, 형식적 측면에서 피조사자의 진술이 조서에 생략, 조작, 추가되지 않아야 한다. 대법원은 "기재 내용이 동일하다는 것은 적극적으로 진술한 내용이 그 진술대로 기재되어 있어야 한다는 것뿐만 아니라 진술하지 아니한 내용이 진술한 것처럼 기재되어 있지 아니할 것을 포함하는 의미이다"라고 판시한 바 있다.[68] 이 판결을 도해해 보면 피조사자의 진술이 조서에 '기재'되어

---

67 대법원 2014. 8. 26. 선고 2011도6035 판결.

야 한다는 점, 진술이 진술한 '대로' 기재되어야 한다는 점, 진술하지 '않은' 것이 기재되면 안 된다는 점을 알 수 있다. 이 세 가지 요건 불충족을 약칭하면 각각 생략, 조작, 추가가 된다.

'무엇을'에 관한 기준과 '어떻게'에 관한 기준을 종합하면, <그림 15>와 같이 "혐의사실, 정상, 이익되는 사실, 핵심적 정황에 관한 피조사자의 진술은 생략, 조작, 추가 없이 조서에 기재되어야 한다"라는 결론을 도출할 수 있다.

그림 15 진술한 내용과 동일하게 작성되었는지의 진단에 관한 진단기준

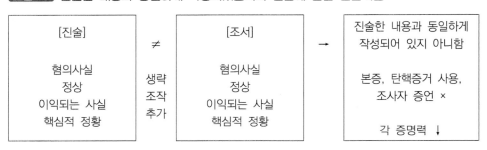

2. 왜곡유형별 진단

조서의 왜곡은 "혐의사실, 정상, 이익되는 사실, 핵심적 정황에 관한 피조사자의 진술을 조서에 생략, 조작, 추가하는 방식의 조서작성 행위 또는 그러한 행위를 통해 형성된 진술과 조서 간의 차이"를 의미한다.[69] 실무에서 조서의 왜곡은 보다 다양한 형태로 나타난다. 이형근과 조은경은 수사기관에서 작성된 피의자신문조서와 영상녹화물을 비교·분석하여 조서 왜곡의 유형과 정도를 확인한 바 있고,[70] 이형근과 백윤석은 조서의 왜곡 및 이와 연관되는 조서작성 관행에 관한 일반인과 변호사의 인식을 조사하여 그 증거법적 의미를 확인한 바 있다.[71] 이형근 등이 확인한 조서 왜곡의 유형은 <표 2>와 같다.

68 대법원 2013. 3. 14. 선고 2011도8325 판결.
69 이형근, 2021a, 256면.
70 이형근·조은경, 2014, 29−53면.
71 이형근·백윤석, 2019, 133−164면.

표 2 조서의 왜곡 유형

대분류*	왜곡유형	설 명(예 시)
생략	답변생략	어떤 답변의 전부 또는 일부를 조서에서 생략하는 경우
	문답생략	어떤 질문과 그 질문에 대한 답변을 함께 조서에서 생략하는 경우
조작	답변의 뚜렷한 조작	어떤 답변의 전부 또는 일부를 실제와 다르게 조서에 기재하는 경우 (예: 가지 않았다. → 갔다.)
	답변의 미묘한 조작	어떤 답변의 취지, 뉘앙스 등을 실제와 다르게 조서에 기재하는 경우 (예: 그랬던 것 같기도 합니다. → 그랬습니다.)
	질문조작	어떤 질문의 전부 또는 일부를 실제와 다르게 조서에 기재하는 경우 (예: 그냥 조사 받으실 거죠? → 변호인의 조력을 받을 것인가요?)
	문답추가	실제로 주고받지 않은 질문과 답변을 조서에 기재하는 경우
	문답전환	실제로는 질문한 내용임에도 답변한 것처럼 기재하는 경우 (예: 수사관이 사안을 확인해 가면서 그 내용을 답변 란에 타이핑)
기타	사전면담· 신문	신문이나 조사에 앞서 조서나 다른 수사서류에 기록하지 않고 비공식적으로 진술을 청취하는 수사 관행
	조서편집	조서 내에서 특정 문답의 위치를 임의로 변경하거나, 문답의 배열을 논리· 연대기 순으로 편집하는 작성방식

주. 출처: 이형근·백윤석, 피의자신문조서의 왜곡에 대한 증거법적 평가방향: 왜곡에 대한 일반인과 변호사의 인식 비교연구, 경찰학연구 제19권 제4호, 2019, 145-146면. *조작과 생략은 이형근과 조은경의 2014년 연구에서 확인된 것이고, 기타는 이형근과 백윤석의 2019년 연구에 편성된 것임. 왜곡유형별 조서왜곡 사례는 〈부록 7〉을 참고하기 바람.

조서 왜곡의 유형은 생략, 조작, 기타로 대별된다. 생략의 하위 유형에는 답변생략과 문답생략이 포함되고, 조작의 하위 유형에는 답변의 뚜렷한 조작, 답변의 미묘한 조작, 질문조작, 문답추가, 문답전환이 포함되며, 기타에는 사전면담·신문, 조서편집이 포함된다. 이하에서는 하위 왜곡유형별 진단법을 학습해 보자.

1) 답변생략

답변생략은 "어떤 답변의 전부 또는 일부를 조서에서 생략"하는 형태의 왜곡이다. 가령, 피조사자가 "제가 그날 그곳에 간 것은 맞습니다만, 그때 저의 약혼녀와 약혼녀의 여동생도 동행했었는데, 설마 제가 남의 물건에 손을 댔겠습니까?"라고 진술하였는데, 조사자가 조서에 "문: 그날 그 장소에 간 사실이 있나요? 답: 예"라고 기재했다면 이는 답변생략에 해당한다. 약혼녀와 약혼녀의 여동생이 동행했다는 사실은 중요한 정황 또는 피조사자에게 이익되는 사실에 해당하는데, 조서에 이 부분이 기재되지 않았기 때문이다. 조서의 왜곡 중 답변생략이 차지하는 비율은 7% 정도다.[72]

2) 문답생략

문답생략은 "어떤 질문과 그 질문에 대한 답변을 함께 조서에서 생략"하는 형태의 왜곡이다. 문답생략은 주로 조사자가 원하지 않는 또는 조사자의 심증에 반하는 답변이 이루어졌을 때 발생한다. 조서에서 생략된 부분을 찾아 정정하는 것은 조작된 부분을 찾아 정정하는 것보다 더 어렵고, 그중에서도 문답생략을 찾아 정정하는 것이 답변생략을 찾아 정정하는 것보다 더 어렵다. 생략되었다는 사실을 인식할 단서(예: 질문 또는 생략되지 않은 답변)가 없기 때문이다. 조서의 왜곡 중 문답생략이 차지하는 비율은 33% 정도다.[73]

3) 답변의 뚜렷한 조작

답변의 뚜렷한 조작은 "어떤 답변의 전부 또는 일부를 실제와 다르게 조서에 기재"하는 형태의 왜곡이다. 가령, "아니요"라는 답변을 "예"라고 기재하면 답변의 뚜렷한 조작에 해당한다. 답변의 뚜렷한 조작은 답변의 '방향'을 변경하는 것이라는 점에서 가장 치명적인 왜곡 유형에 속한다. 조서의 왜곡 중 답변의 뚜렷한 조작이 차지하는 비율은 1% 미만이다.[74] 답변의 뚜렷한 조작은

---

72 이형근·조은경, 2014, 42면.
73 이형근·조은경, 2014, 42면.

조서를 조사자의 심증에 부합하는 방향으로 작성하는 데 가장 효과적인 방법이지만, 부작위 편향(omission bias)[75]과 조서 열람·정정 단계에서의 발각 가능성 때문에 빈도가 매우 낮다.

4) 답변의 미묘한 조작

답변의 미묘한 조작은 "어떤 답변의 취지, 뉘앙스 등을 실제와 다르게 조서에 기재"하는 형태의 왜곡이다. 가령, "그랬던 것 같아요"라는 답변을 "예"라고 기재하면 답변의 미묘한 조작에 해당한다. 답변의 미묘한 조작은 답변의 '강도'를 변경하는 것이라는 점에서 답변의 뚜렷한 조작보다는 덜 치명적인 왜곡 유형이지만, 그 빈도가 현저히 더 높다. 조서의 왜곡 중 답변의 미묘한 조작이 차지하는 비율은 14% 정도다.[76]

5) 질문조작

질문조작은 "어떤 질문의 전부 또는 일부를 실제와 다르게 조서에 기재"하는 형태의 왜곡이다. 수사과정에 주로 사용되는 '문답식' 조서에는 피조사자의 답변뿐만 아니라 조사자의 질문도 기재된다. 질문조작은 후자를 실제와 다르게 기재하는 것을 말한다. 가령, 조사자가 실제로는 "변호사 살 수 있어요? 그냥 조사받을 거죠?"라는 질문을 하였으면서, 조서에는 "문: 변호인의 조력을 받을 권리를 행사할 것인가요?"라고 기재했다면 이는 질문조작에 해당한다. 실제 질문 내용이 형사소송법 제244조의3 제2항에 규정된 "변호인의 조력을 받을 권리를 행사할 것인지"와 현저히 다르기 때문이다. 조서의 왜곡 중 질문조작이 차지하는 비율은 6% 정도다.[77]

---

74 이형근·조은경, 2014, 42면.
75 부작위 편향은 "적극적 작위에 의해 어떤 해악(조작)을 야기하는 것보다 소극적 부작위에 의해 동일한 해악(생략)을 야기하는 것을 도덕적 죄책감 또는 비난가능성 측면에서 덜 부담스러운 일로 여기는 현상"을 말한다(Spranca 등, 1991: 이형근, 2021a, 80면에서 재인용).
76 이형근·조은경, 2014, 42면.
77 이형근·조은경, 2014, 42면.

6) 문답추가

　　문답추가는 "실제로 주고받지 않은 질문과 답변을 조서에 기재"하는 형태의 왜곡이다. 실제로 주고받지 않은 질문과 답변이 조서에 추가되어 있음에도 피조사자가 이를 조서 열람·정정 단계에서 발견 또는 정정하지 않거나 못하는 이유를 쉽게 이해하기 어렵다. 통상 문답추가는 공식적인 조사 이전에 이루어진 대화를 적절한 위치에 삽입하는 '사전조사 삽입형' 또는 공식적인 조사 시점에 이루어진 조사의 내용을 법리적 문구로 변환하여 적절한 위치에 삽입하는 '요지정리 삽입형'으로 이루지기 때문에 피조사자가 조서 열람·정정 단계에서 이를 쉽게 발견하기 어렵다. 조서에 추가된 것과 동일한 문답 또는 그와 취지가 유사한 문답을 했던 기억은 분명한 반면, 그러한 문답을 언제 했는지 또는 그와 정확하게 동일한 문답을 했는지에 관한 기억은 불분명하기 때문이다. 조서의 왜곡 중 문답추가가 차지하는 비율은 5% 정도다.[78]

7) 문답전환

　　문답전환은 "실제로는 질문한 내용임에도 답변한 것처럼 기재"하는 형태의 왜곡이다. 가령, 실제로는 "문: 그날 아침에 산책을 하다가 마음에 드는 여성을 발견하고 나쁜 마음 없이 편의점까지 따라갔다는 말이지요? 답: 예"라고 문답하였으면서 조서에는 "문: 그날 아침 행적을 말해 보세요. 답: 그날 아침에 산책을 하다가 마음에 드는 여성을 발견하고 나쁜 마음 없이 편의점까지 따라갔습니다"라고 기재하는 방식이 문답전환의 전형적인 예다. 따라서 문답전환은 진술의 '내용'에 대한 왜곡이 아니라 진술의 '주체'에 대한 왜곡으로 볼 수 있다. 앞서 조서왜곡에 대하여 손해배상 판결이 확정된 예를 소개한 바 있는데,[79] 이 판결의 주된 원인이 바로 문답전환 형태의 왜곡이었다. 조서의 왜곡 중 문답전환이 차지하는 비율은 16% 정도다.[80]

---

78 이형근·조은경, 2014, 42면.
79 주 13) 참고.
80 이형근·조은경, 2014, 42면.

8) 사전면담·신문

사전면담·신문은 "신문이나 조사에 앞서 조서나 다른 수사서류에 기록하지 않고 비공식적으로 진술을 청취하는 수사 관행"을 의미한다. 사전면담·신문은 조서의 왜곡 유형이 아니지만 조서의 왜곡과 밀접하게 연관되는 실무 관행이다. 공식적인 조사 이전에 이루어진 대화를 적절한 위치에 삽입하는 문답 추가가 대표적 예다. 조사자와 피조사자 간의 비공식적 대화를 금지하는 규정은 없다. 그러나 신문자와 피의자 간의 비공식적 대화 중 대부분은 다음과 같은 이유에서 부적법하다.[81] 첫째, 신문자와 피의자 간의 대화가 범죄사실 또는 정상에 관한 것이라면 그 시점, 장소, 조서작성 여부 등과 무관하게 신문에 해당한다. 둘째, 어떤 대화가 신문에 해당한다면 당해 대화에는 변호인 등의 참여, 조서작성, 진술거부권 등의 고지, 수사과정의 기록 등 신문에 관한 제반 규정이 적용된다. 셋째, 앞의 두 명제를 종합하면, "신문이나 조사에 앞서 조서나 다른 수사서류에 기록하지 않고 [통상 참여나 권리의 고지 등도 결략한 채] 비공식적으로 [통상 범죄사실 또는 정상에 관한] 진술을 청취하는 수사 관행"은 명백히 부적법하다.

통상 수사기관에서는 사전면담·신문을 통해 청취한 진술을 '증거'로 사용할 의도가 없다. 그래서 달리 기록도 하지 않는 것이다. 그럼에도 불구하고 사전면담·신문(제0회)을 하는 이유는 본격적인 조사·신문(제1회)을 좀 더 '원활'하게 하기 위함이다. 문제는 이 원활함이 주로 수사기관의 편의와 조사·신문 전략 수립 및 수행에 기여한다는 데 있다. 또한, 사전면담·신문은 진술 기록 적정화의 가장 유효한 대안인 영상녹화제도의 의미와 기능을 위협한다는 점에서 즉시 개선되어야 할 관행이다. 이와 유사한 취지에서 대법원은 사전면담·신문이 의심되는 상황하에서 조서왜곡이 이루어진 사안에 대하여 당해 조서의 '특신상태'를 부정한 바 있다.[82]

사전면담·신문은 조서 검토를 통해서는 좀처럼 확인하기 어렵다. 조사자가 조서에 사전면담·신문의 흔적을 남기는 경우가 드물기 때문이다. 영상녹화

---

81 이형근, 2021a, 258-259면.
82 대법원 2014. 8. 26. 선고 2011도6035 판결.

물을 검토할 때에는 조사자가 "아까", "어제" 등의 발언을 하는지를 잘 살펴야 한다. 해당 부분에 관한 대화가 처음이 아니었음을 강력하게 시사하기 때문이다. 또한, 조사자가 새로운 정보를 먼저 언급하는 경우에 주목해야 한다. 가령, 조사자가 "들어갈 때 뒷문으로 들어갔다고 했죠?"라고 질문하고, 피조사자가 "예."라고 답변을 하였는데, 피조사자가 그와 같은 진술을 먼저 하는 장면이 영상녹화물에 없다면, 해당 부분에 관한 대화가 조사 이전에 이루어졌음을 강력하게 시사한다.

요컨대, 사전면담·신문(제0회)은 그 자체로 부적법하고, 이를 토대로 이루어진 본 조사·신문(제1회)의 특신상태를 탄핵할 사유가 되며, 본 조사·신문(제1회)에 관한 조서에 왜곡이 개입할 가능성을 높이는 문제 많은 관행이다.

9) 조서편집

조서편집은 "조서 내에서 특정 문답의 위치를 임의로 변경하거나, 문답의 배열을 논리·연대기 순으로 편집하는 작성 방식"을 의미한다. 실무에서는 조서의 가독성을 높이기 위해 종종 조서편집을 한다. 문제는 이 가독성의 제고가 주로 조사자의 의도나 심증을 의사결정자에게 효과적으로 전달하는 기능을 한다는 데 있다. 또한, 조서는 기재된 진술 '자체'뿐만 아니라 그와 같은 진술이 이루어진 '과정'이 중요한 의미를 갖는 문서라는 점에서 조서편집은 권장할 만한 관행이 못 된다.

인구에 종종 회자되는 "앉으면 눕고 싶고, 누우면 자고 싶다"라는 말처럼 조서편집 과정에서 다른 유형의 조서왜곡(예: 답변생략, 문답생략)이 개입될 여지도 배제할 수 없다. 저자는 조사·신문을 기록한 영상녹화물을 볼 때 마음이 불편할 때가 많다. 조사·신문 이후 조서 출력 이전 시점에 조사자가 오탈자를 검토한다면서 10분 이상 조서를 편집하는 장면을 목격할 때 특히 그러하다. 이와 같이 작성된 조서에는 처음부터 생략된 부분뿐만 아니라 처음에는 작성했으나 편집 과정에서 삭제된 부분이 발견되는 경우도 있다. 이는 증거법적 다툼뿐만 아니라 형법적 다툼의 소지가 있는 문제임에 틀림없다.

3. 요약 및 안내

1) 요약

지금까지 주요 왜곡유형의 특성 및 진단법을 학습해 보았다. 이를 통해 조서에 다양한 유형의 왜곡이 있을 수 있음을 확인하고, 각각의 왜곡유형이 조서나 조사자 증언에 대한 증거법적 평가와 연관됨을 확인하였다. 이형근과 백윤석의 연구에 의하면, 변호사들은 주요 왜곡유형이 증거능력 평가(2.09점/3점)보다 증명력 평가(2.22점/3점)에 더 큰 영향을 줄 것으로 인식하고 있었으며, 주요 왜곡유형과 증거능력 인정요건 간의 연관성에 관한 인식은 <표 3>과 같았다.[83]

표 3 주요 왜곡유형과 증거법적 평가 간의 연관성

단위: 명(%)

대분류	왜곡유형	적법절차	진정성립	특신상태	임의성	계
생략	답변생략	9(23)	22(55)	6(15)	3(7)	40(100)
	문답생략	8(23)	18(51)	6(17)	3(9)	35(100)
조작	답변의 뚜렷한 조작	13(26)	27(52)	6(11)	6(11)	52(100)
	답변의 미묘한 조작	6(15)	24(61)	5(12)	5(12)	40(100)
	질문조작	10(29)	18(51)	3(9)	4(11)	35(100)
	문답추가	11(23)	25(51)	6(12)	7(15)	49(100)
	문답전환	7(18)	20(53)	5(13)	6(16)	38(100)
기타	사전면담·신문	4(19)	5(24)	5(24)	7(33)	21(100)
	조서편집	5(21)	12(50)	4(17)	3(12)	24(100)
계		73(22)	171(51)	46(14)	44(13)	334(100)*

주. 출처: 이형근·백윤석, 피의자신문조서의 왜곡에 대한 증거법적 평가방향: 왜곡에 대한 일반인과 변호사의 인식 비교연구, 경찰학연구 제19권 제4호, 2019, 154면. *왜곡유형과 증거능력 요건의 연관성에 대한 변호사의 인식조사는 복수응답 문항으로 이루어졌음.

---

83 이형근·백윤석, 2019, 154-155면.

<표 3>을 보면 변호사들은 조서의 왜곡을 대체로 실질적 진정성립(51%)과 연관되는 것으로 인식하고 있으나, 적법한 절차와 방식(22%), 특신상태(14%), 임의성(13%) 등 여타의 요건과 연관된다는 인식도 상당함을 알 수 있다. 특히, 조작과 생략의 경우에는 주로 실질적 진정성립과 연관된다고 인식하는 전반적 경향과 같으나(실질적 진정성립과 연관된다는 응답이 각 53%), 기타의 경우에는 사전면담·신문의 영향으로 인해 전반적 경향과 다소 다른 경향이 확인된다(실질적 진정성립과 연관된다는 응답이 38%). 사전면담·신문과 각 요건의 연관성에 대한 인식은 임의성(33%), 실질적 진정성립(24%), 특신상태(24%), 적법한 절차와 방식(19%) 순으로 나타나, 다른 하위 유형들과 각 요건 간의 연관성에 대한 인식과 차이가 확인된다. 생각건대, 사전면담·신문은 조서의 왜곡과 밀접하게 연관되는 실무 관행이지만, 직접 조서를 작성 또는 왜곡하는 행위가 아니라는 점이 이와 같은 차이의 원인으로 작용하였을 것이다.

요컨대, 조서의 왜곡은 형사소송법 제312조 제1항에서 삭제된 실질적 진정성립 요건뿐만 아니라 제312조 제1항, 제3항, 제4항, 제317조에 남아 있는 적법한 절차와 방식 요건, 임의성 요건과 연관될 수 있고, 조사자 증언에 관한 제316조의 특신상태 요건과도 연관될 수 있으며, 가사 왜곡된 조서가 증거능력 평가의 관문을 통과하거나 조사자 증언이 이루어지더라도 당해 조서 또는 증언의 증명력을 감쇄하는 사유가 될 수 있다.

2) 안내

조사자는 조사를 수행하고 조서를 작성하는 시점에 피조사자의 진술이 어떤 형태로 법원에 전달될지(예: 조서, 조사자의 증언), 어떤 자격으로 법원에서 사용될지(예: 본증, 탄핵증거)를 가늠하기 어렵다. 따라서 수사측은 가능한 모든 경우의 수에 대비하여 적법한 절차와 방식에 따라 작성하기 및 진술한 내용과 동일하게 작성하기에 관한 기준을 정확하게 알고 이를 준수해야 한다. 또한, 진술한 내용과 동일하게 작성하기는 증거법적 문제뿐만 아니라 민·형사적 문제와 연관될 수 있기 때문에 '남들이 하는 대로 하면 된다'라는 생각을 버려야 한다. 즉, 문제를 삼더라도 문제가 되지 않도록 각별히 주의해야 한다.

피고측에서는 조서에서 진술한 내용과 다르게 작성된 부분이 있을 경우 사안에 따라 형사소송법 제312조 제1항, 제3항, 제4항을 근거로 당해 조서의 적법한 절차와 방식 위반을 다투거나, 제317조를 근거로 당해 조서의 임의성 요건 불충족을 다투거나, 제316조를 근거로 당해 조사자의 증언 자격, 즉 특신상태 불충족을 다투는 방법을 취할 수 있을 것이다. 또한, 이와 같은 지적에도 불구하고 조서의 증거 사용 또는 조사자 증언이 이루어지는 경우에는 당해 조서 또는 증언의 증명력을 다투어야 할 것이다.

그런데 피고측에서 이와 같은 과업을 수행하려면, 우선 진단에 필요한 재료(예: 조서, 영상녹화물)가 확보되어야 하고, 다음으로 진단에 적합한 분석도구가 있어야 한다. 피고측이 조서와 영상녹화물을 열람·등사할 수 있는 방법과 범위는 형사절차의 진행 국면이나 수사기관 등에 따라 조금씩 다르다. 따라서 조서와 영상녹화물을 열람·등사하는 방법과 진단에 활용할 수 있는 분석도구 하나를 소개하는 것으로 본장의 안내를 맺고자 한다.

(1) 열람·등사

형사소송법은 피의자의 조서 열람권(제244조 제2항) 및 영상녹화물 시청권(제244조의2 제3항)을 규정하고 있으며, 이와 같은 권리는 피의자가 아닌 피조사자에게도 인정된다. 그러나 조서에 기명날인 또는 서명이 이루어진 이후, 영상녹화물의 봉인이 이루어진 이후에는 별도의 절차에 따라 조서와 영상녹화물을 열람·등사해야 한다. 앞서 피고측이 조서와 영상녹화물을 열람·등사할 수 있는 방법과 범위는 형사절차의 진행 국면이나 수사기관 등에 따라 조금씩 다르다고 하였는데, 전반적으로 열람·등사의 가능성과 범위는 타인의 진술에 관한 것보다 본인의 진술에 관한 것이 상대적으로 더 넓고, 절차의 초반에서보다 절차의 후반에서 상대적으로 더 넓다. 이하에서는 가능한 경우의 수 각각에 대하여 열람·등사의 가능성과 범위를 살펴보기로 하자.

첫째, 본인의 조서는 거의 예외 없이 열람 및 등사를 할 수 있다. 수사준칙 제69조 제1항이 "피의자, 사건관계인 또는 그 변호인은 검사 또는 사법경찰관이 수사 중인 사건에 관한 본인의 진술이 기재된 부분 및 본인이 제출한 서류의 전부 또는 일부에 대해 열람·복사를 신청할 수 있다"라고 규정하고 있기 때문이다. 여기에서 '수사 중인 사건에 관한 본인의 진술이 기재된 부분'이 바로 조서다.

둘째, 본인의 영상녹화물은 거의 예외 없이 열람할 수 있으나, 등사의 가능성은 수사기관에 따라 다르다. 가령, 대검찰청 영상녹화 업무처리 지침 제16조 제1항은 "수사준칙 제16조, 제69조에 따라 영상녹화물의 열람·등사업무를 처리한다. 특히 영상녹화물 유포 우려 또는 조사자나 피의자 등의 초상권, 프라이버시권 보호 등이 필요한 경우에는 영상녹화물의 열람만 허용할 수 있다"라고 규정하고 있는 반면, 경찰청 영상녹화 업무처리 지침 제15조 제1항은 단지 "수사준칙 제16조, 제69조 등에 따라 결정한다"[84]라고만 규정하고 있다. 즉, 본인의 영상녹화물 등사에 대하여 검찰이 경찰보다 더 까다로운 조건을 설정하고 있다. 실제로 검찰 실무에서는 앞의 조건 중 하나 이상을 사유로 들면서 열람만 허용하고 등사는 불허하는 것이 일반적이다. 따라서 진술한 내용과 동일하게 작성되었는지에 대한 탄핵이 필요할 것으로 예상되는 경우라면 경찰수사 단계에서 미리 영상녹화물을 등사해둘 것을 권장한다.

셋째, 타인의 조서는 수사 단계에서 열람·등사할 수 없다. 수사준칙 제69조 제3항이 고소장, 고발장 등의 열람·등사만 규정하고 있기 때문이다. 따라서 타인의 조서는 검사의 불기소 결정 또는 기소 결정이 있은 후에야 열람·등사할 수 있다. 검사의 불기소 결정이 있는 때에는 피고측에서 진술한 내용과 동일하게 작성되었는지에 대하여 탄핵할 필요가 적을 것이므로,[85] 여기에서는 검사의 기소 결정이 있는 때에 관하여 살펴보자.

검사의 기소 결정이 있는 때에는 타인의 조서도 열람 및 등사를 할 수 있다. 형사소송법 제266조의3 제1항이 "피고인 또는 변호인은 검사에게 공소사실의 인정 또는 양형에 영향을 미칠 수 있는 증거서류, 증인의 공판 전 진술을 기재한 서류의 열람·등사를 신청할 수 있다"라고 규정하고 있기 때문이다. 실무에서 검사의 증거목록에 포함되어 있지 않은 조서에 대한 열람·등사를 불허

---

84 구 영상녹화 업무처리 지침 제15조 제1항, 제2항은 "수사서류에 대한 정보공개 기준에 따라 결정한다. 영상녹화물 자체에 대해서는 시청하게 하거나 <u>신청인 비용으로 녹취록을 교부할 수 있다</u>"라고 규정하고 있었다(2019. 3. 12. 경찰청 수사기획과-5110 '영상녹화 업무처리 지침').

85 이 경우에는 수사준칙 제69조 제2항에 따라 기록 전부를 열람·등사할 수 있다.

하는 경우가 있으나, "변호인은 수사기록 중 증거로 제출되지 아니한 기록 전부에 대하여 열람·등사권이 있다"라는 것이 헌법재판소의 입장이므로,[86] 이와 같은 취지를 명백히 하여 열람·등사를 신청해야 한다. 그럼에도 불구하고 검사가 열람·등사를 불허하는 경우에는 형사소송법 제266조의4에 따라 법원에 허용명령을 신청해야 한다.

넷째, 타인의 영상녹화물을 수사 단계에서 열람할 수 없음은 조서의 경우와 같다. 검사의 기소 결정이 있는 때에는 타인의 영상녹화물도 열람할 수 있으나, 등사의 가능성은 사안에 따라 다르다. 형사소송법 제266조의3 제6항이 "특수매체에 대한 등사는 필요 최소한의 범위에 한한다"라고 규정하고 있기 때문이다. 실무에서는 유포 우려, 초상권, 프라이버시권 보호의 필요성 등을 사유로 들면서 열람만 허용하고 등사는 불허하는 것이 일반적이다. 지금까지 살펴본 열람·등사의 가능성과 범위를 요약하면 <표 4>와 같다.

표 4 조서 및 영상녹화물의 열람·등사 가능성과 범위

		재료	
		조서	영상녹화물
진술자	본인	수사 단계부터 열람·등사 가능	수사 단계부터 열람 가능 (검찰 등사 제약, 경찰 등사 가능)
	타인	기소 이후부터 열람·등사 가능	기소 이후부터 열람 가능 (등사 제약)

요컨대, 본인의 조서와 영상녹화물은 수사 단계부터 열람·등사의 가능성이 열려 있고, 타인의 조서와 영상녹화물은 기소 이후부터 열람·등사의 가능성이 열려 있으며, 어느 단계에서든 영상녹화물의 등사에는 일정한 제약이 따른다. 영상녹화물의 등사가 불허된 경우에는 우선 영상녹화물 열람을 통해 정밀한 진단의 필요성(예: 주요 왜곡사례 적시)이 유포 우려, 초상권, 프라이버시권 보호의 필요성보다 더 크다는 점을 소명한 후 재신청하는 방법도 고려할 수 있

---

86 헌법재판소 2017. 12. 28. 선고 2015헌마632 결정.

을 것으로 생각한다. 아울러, 조서와 영상녹화물의 열람·등사에 관한 법령 및
판례를 <부록 8>에 수록하였으니 참고하기 바란다.

(2) 분석도구

진술한 내용과 동일하게 작성되었는지의 진단에 활용할 수 있는 유용한
분석도구는 '조서·영상 대비표'다. 조서·영상 대비표는 이형근과 조은경의
2014년 연구에서 최초로 고안된 것으로 그 형태는 <표 5>와 같다.

표 5 조서·영상 대비표

조서		영상		왜곡*						
				1	2	3	4	5	6	7
현관문을 열어 달라고 하는 소리를 듣지 못했나요?	1	현관문을 열어 달라고 하는 소리를 듣지 못했나요?	1							
듣지 못했습니다.	1	아니. 뭐 어떻게 들어요? … 솔직하게 불이 나가지고 있는데 현관문을 열어 달라는 소리를 들었냐니 그게 말이 되는 소리입니까.	1	1						
어디에 불이 시작되었나요?	1	어디에서 불이 시작되었나요?	1							
안방에서 시작되었습니다.	1	안방에서요.	1							
-		안방은 주로 누가 사용하나요?	1			1				
-		안사람이 사용합니다. 저는 잘 들어가지 않아요.	1							
불이나고 어떻게 했는지를 진술해 보세요.	1	처음에는 불이 났다는 사실을 몰랐으나 나중에는 알게 되었고 소방관에게 문을 열어준 사실은 없다는 거죠?	1							1

처음에는 불이 났다는 사실을 몰랐으나 나중에는 알게 되었고 소방관에게 문을 열어주지는 않았습니다.		1	예.			1						
	3	3			4	4	1	1	0	0	0	0	1

주. *왜곡: 1. 답변생략, 2. 문답생략, 3. 답변의 뚜렷한 조작, 4. 답변의 미묘한 조작, 5. 질문조작, 6. 문답추가, 7. 문답전환. *기타: 8. 사전면담·신문, 9. 조서편집은 조서·영상 대비표에 구현하기 어려우므로 텍스트 형식으로 정리해야 함(예: 영상녹화물 01:15:45 지점에서 "아까는 그렇게 진술하지 않았잖아요"라는 조사자의 발언이 확인됨).

조서·영상 대비표에 따른 진단은 다음과 같은 순서에 따라 진행해야 한다. 먼저, 대비표의 중간 부분에 영상녹화물에 기록된 내용을 옮겨 적어야 한다. 내용을 옮겨 적을 때에는 속기록을 작성하듯이 '그대로', '빠짐없이' 적어야 한다. 이 부분을 먼저 작성하는 이유는 통상 조서에 기록된 문답보다 영상녹화물에 기록된 문답의 수가 더 많기 때문이다. 다음으로, 대비표의 왼쪽 부분에 조서에 기록된 내용을 옮겨 적어야 한다. 조서상의 문답과 영상녹화물상의 문답이 잘 매칭되도록 적합한 위치에 옮겨야 한다. 끝으로, 조서상의 문답과 영상녹화물상의 문답을 비교하여 진술한 내용과 동일하게 작성되었는지의 여부와 정도를 진단하고, 대비표의 오른쪽 부분에 표기해야 한다. 가령, <표 5>의 조서·영상 대비표를 보면, 진단 결과 답변생략, 문답생략, 문답전환이 1회씩 있었다고 표기되어 있다. 아울러, 조서·영상 대비표를 통해 조서에 기록된 문답의 총량, 영상녹화물에 기록된 문답의 총량, 왜곡유형별 왜곡의 빈도 등을 확인할 수 있다(하단). 이와 같은 기능은 한글 프로그램의 블록계산식(합계)을 이용하여 손쉽게 설정할 수 있다.

조서와 영상녹화물의 모든 내용을 조서·영상 대비표에 구현하는 것은 매우 어려운 일이다. 특히 영상녹화물의 내용을 속기하는 것 자체에 많은 시간이 소요된다. 따라서 조서·영상 대비표에 포함할 내용의 우선순위를 설정하여 시간과 노력을 절약할 필요가 있다. 우선순위 설정의 기준은 앞서 설명하였던 진단기준, 즉 '무엇을'과 '어떻게'다. 먼저, 내용적 기준에 따라 혐의사실, 정상, 이익되는 사실, 핵심적 정황 등과 무관한 부분에서의 차이는 다른 특별한 사정이 없다면 조서·영상 대비표에 포함하지 않아도 될 것이다. 다음으로, 혐의사실, 정상, 이익되는 사실, 핵심적 정황 등과 관련된 부분에서의 차이를 형식적 기준에 따라 생략, 조작, 추가, 전환 등으로 분류하여 조서·영상 대비표에 적으면 시간과 노력이 대폭 줄어들 것이다. 다만, 진단의 경과에 따라 혐의사실, 정상, 이익되는 사실, 핵심적 정황 등과의 관련성에 대한 판단이 달라지는 경우도 있기 때문에 조서·영상 대비표 초안을 만든 이후에는 반드시 조서와 영상녹화물 전체를 한 번 더 리뷰하여 수정·보완할 필요가 있다.

---

summarY

진술한 내용과 동일하게 작성되었는지의 '진단기준'

혐의사실, 정상, 이익되는 사실, 핵심적 정황에 관한 피조사자의 진술은('무엇을' 기준) 생략, 조작, 추가 없이 조서에 기재되어야 한다('어떻게' 기준).

진술한 내용과 동일하게 작성되었는지의 '진단방법'

① 본인, 타인, 조서, 영상녹화물의 열람·등사 가능성과 범위를 이해하고 열람·등사를 실시한다. ② '무엇을' 기준과 '어떻게' 기준에 따라 조서·영상 대비표 초안을 만들고 최종적으로 조서와 영상녹화물을 리뷰하여 조서·영상 대비표를 완성한다.

수사측과 피고측의 '대응법'

(수사측) 조사를 수행하고 조서를 작성하는 시점에 피조사자의 진술이 어떤 형태로 법원에 전달될지(예: 조서, 조사자의 증언), 어떤 자격으로 법원에서 사용될지(예: 본증, 탄핵증거)를 가늠하기 어렵기 때문에 가능한 모든 경우의 수에 대비하여 진술한 내용과 동일하게 작성하기에 관한 기준을 정확하게 알고 이를 준수해야 한다.

(피고측) ① 조서에 대하여 내용부인을 하기 어려운 경우라면, 사안에 따라 형사소송법 제312조 제1항, 제3항, 제4항을 근거로 당해 조서의 적법한 절차와 방식 위반을 다투거나, 제317조를 근거로 당해 조서의 임의성 요건 불충족을 다투어야 한다. ② 조사자 증언이 예상되는 경우라면, 제316조를 근거로 당해 조사자의 증언 자격, 즉 특신상태 불충족을 다투는 방법을 취해야 한다. ③ 이와 같은 대응에도 불구하고 조서의 증거 사용 또는 조사자 증언이 강행되는 경우라면, 당해 조서 또는 증언의 증명력을 다투어야 한다.

「진술이 특히 신빙할 수 있는 상태하에서 행하여졌는지」에 대한 진단

CHAPTER 04 「진술이 특히 신빙할 수 있는 상태 하에서 행하여졌는지」에 대한 진단

1. 진단기준

1) 이론

앞서 2020년 형사소송법 개정을 통해 피의자신문조서에 관한 제312조 제1항에서 특신상태 요건이 삭제되었다는 점, 그러나 조사자 증언에 관한 제316조 제1항의 특신상태 요건은 그대로 남아 있다는 점, 또한 진술조서에 관한 제312조 제4항의 특신상태 요건도 그대로 남아 있다는 점, 그래서 피의자에 대한 신문의 경우이든 피의자가 아닌 사람에 대한 조사의 경우이든 특신상태는 여전히 간과할 수 없는 요건이라는 점 등을 설명한 바 있다.[87]

특신상태는 "진술내용이나 조서작성에 허위개입의 여지가 거의 없고, 진술 내용의 신빙성이나 임의성을 담보할 구체적이고 외부적인 정황이 있어야 한다"라는 요건이다.[88] 그런데 특신상태는 수사상 진술(조서)의 증거능력 인정요건 중 가장 추상적·다의적 개념일 뿐만 아니라, 피의자에 대한 신문의 경우와 피의자가 아닌 사람에 대한 조사의 경우에 있어 그 구체적 내용에 차이가 있다. 가령, 피의자에 대한 신문의 경우에는 변호인과 자유롭게 접견했는지 여부, 변호인의 참여가 정당한 이유 없이 배제되었는지 여부, 조사의 내용에 비추어 합리적인 조사 시간을 넘어서 조사가 이루어졌는지 여부, 구속 상태에서 별다른 조사를 하지 않으면서 매일 소환하여 같은 질문을 반복하였는지 여부 등을 특신상태 평가의 고려 요소로 삼고 있는 반면,[89] 피의자가 아닌 사람에 대한 조

---

87 이 부분에 대한 좀 더 상세한 논증은 "이형근, 2020a" 참고.
88 대법원 2012. 7. 26. 선고 2012도2937 판결.
89 법원행정처, 법원실무제요 형사(Ⅱ), 법원행정처, 2014, 109면.

사의 경우에는 진술에 이르기까지의 정황, 피고인과 진술인의 관계(예: 적대적 관계), 진술의 내용이 구체적이며 모순이 없는지 여부 등을 특신상태 평가의 고려 요소로 삼고 있다.[90]

이와 같은 특성 때문에 대법원은 한때 다른 증거능력 인정요건들이 충족되면 특별한 사정이 없는 한 특신상태 요건은 추정(인정)되는 것으로 보기도 하였다.[91] 물론 2004년 대법원 전원합의체 판결을 통해 이와 같은 추정 이론은 폐기되었지만,[92] 특신상태가 다른 증거능력 인정요건들에 비해 상대적으로 더 추상적·다의적 개념이라는 점에는 큰 변화가 없다. 현재까지도 피의자신문에 있어서의 특신상태 개념을 직접적으로 판시한 대법원 판결을 찾기 어렵다는 점이 이와 같은 사실을 방증한다.[93]

다만, 특신상태에 관한 판례와 학설이 척박한 상황임에도 불구하고 변호인의 참여가 특신상태 평가의 핵심적 고려 요소라는 점에는 이론이 없는 것으로 보인다. 2005년 사법제도개혁추진위원회에서 '변호인의 참여 등'을 특신상태의 예시로 규정하는 안을 마련했던 점이 이와 같은 사실을 뒷받침한다.[94] 또한, 조서왜곡을 실질적 진정성립 부정 사유가 아니라 특신상태 부정 사유로 본 대법원 판결은 수사조사 진단에 있어 주목을 요하는 판례다.[95] 특신상태가 부정되면 조서뿐만 아니라 조사자 증언을 할 수 없고, 당해 조서뿐만 아니라 후속 조서의 증거능력까지 부정될 가능성이 높기 때문이다. 이와 같은 점들을 고려하여, 본장에서는 변호인 등의 참여와 조서왜곡을 중심으로 진술이 특히 신빙할 수 있는 상태하에서 행하여졌는지에 대한 진단법을 살펴보고자 한다.

---

90 최병천, 특신상태에 관한 비판적 고찰, 경북대학교 법학논고 제66집, 2019, 300면.
91 대법원 1983. 3. 8. 선고 82도3248 판결.
92 대법원 2004. 12. 16. 선고 2002도537 전원합의체 판결.
93 대법원 2012. 7. 26. 선고 2012도2937 판결은 피의자가 아닌 사람에 대한 조사에 있어서의 특신 상태 개념을 판시한 예다.
94 조국, 검사작성 피의자신문조서와 영상녹화물의 증거능력, 저스티스 통권 제107호, 2008, 181−183면.
95 대법원 2014. 8. 26. 선고 2011도6035 판결.

★ 변호인의 참여와 조서왜곡

변호인이 조사에 참여하였다면, 그 조사는 무조건 특히 신빙할 수 있는 상태하에서 행하여졌다고 볼 수 있는가? 결론부터 말하자면, 그렇지 않다. 변호인의 참여가 특신상태 평가의 핵심적 고려 요소라는 점에는 이론이 없으나, 변호인의 참여에도 불구하고 특신상태를 의심할 사정이 얼마든지 있을 수 있기 때문이다. 가령, 변호인의 참여와 조서 열람이 이루어졌음에도 불구하고 조서왜곡이 있는 경우가 있을 수 있다. 법률전문가인 변호인이 조서를 열람하고, 이의가 없다는 취지에서 서명까지 하였다면, 조서에 왜곡이 없을 것으로 생각하기 쉽다. 그러나 실제는 전혀 그렇지 않다.

관련 연구에 의하면, 변호사와 일반인의 조서 정정 수행 역량 간에는 유의미한 차이가 없었다.[96] 이는 조서 정정 역량이 법리적 요인보다 상대적으로 사실적 요인에 더 큰 영향을 받기 때문이다. 즉, 변호사는 조사 대상 사건을 직접 경험한 사람이 아니기 때문에 조사 대상 사건에 관한 피조사자의 진술과 조서에 기재된 내용 간의 차이를 오히려 피조사자보다 정확하게 인식하기 어렵다는 것이다. 특히, 생략 형태의 조서왜곡을 정정하는 일은 피의자와 변호인 모두에게 매우 어려운 과업이다. 따라서 변호인이 조사에 참여한 경우라고 하더라도, 수사조서의 진단을 게을리 하면 안 된다.

2) 기준

진술한 내용과 동일하게 작성되었는지에 대한 진단과 마찬가지로, 진술이 특히 신빙할 수 있는 상태하에서 행하여졌는지에 대한 진단에 관하여도 간결한 진단공식을 제시하기가 어렵다. 이는 특신상태의 추상성·다의성에 기인하는 불가피한 사정이다. 따라서 여기에서는 관련 법령, 판례, 연구 등을 종합하여 진술이 특히 신빙할 수 있는 상태하에서 행하여졌는지의 진단에 관한 일응의 진단기준을 '변호인 등의 참여'와 '조서왜곡'을 중심으로 제시해 보고자 한다.

먼저, 변호인 등의 참여에 관하여는 참여 자체의 제한과 개개 조력 행위의 제한을 모두 살펴야 한다. 형사소송법 제243조의2 제5항이 "변호인의 신문참여 및 그 제한에 관한 사항을 피의자신문조서에 기재하여야 한다"라고 규정하고 있으므로, 참여 자체의 제한은 조서 검토만으로도 일정 부분 진단이 가능하다.

---

96 이형근·조은경·이미선, 피의자와 변호인의 조서정정 수행 비교연구, 한국심리학회지: 사회 및성격 제35권 제1호, 2021, 33-34면.

반면, 개개 조력 행위의 제한을 정밀하게 살피기 위해서는 조서뿐만 아니라 영상녹화물의 검토도 병행해야 한다. 변호인의 의견 진술 요청 행위, 이에 대한 조사자의 승인 또는 불허 행위 등이 조서에 기재되지 않을 가능성이 높기 때문이다.

한편, 피의자가 아닌 사람의 조사에 변호사(예: 고소대리인 자격으로 참여)가 참여한 경우도 잘 살펴보아야 한다. 이 경우 변호사가 행하는 조력의 범위와 정도가 사안, 조사자, 피조사자 등에 따라 매우 다양할 수 있고, 변호사의 조력 행위가 피조사자 진술의 구체성, 합리성, 신빙성 평가와 연관될 수 있기 때문이다(예: 변호사의 조언에 의한 진술 또는 진술번복). 정밀한 진단을 위해서는 조서 및 영상녹화물 모두를 검토해야 한다.

> 변호인의 참여: ① 참여 자체의 제한은 우선 조서로 검토하되, 필요시 영상녹화물 검토를 병행함. ② 개개 조력 행위의 제한은 조서 및 영상녹화물을 함께 검토해야 함.

> 변호사의 참여: ① 기본적으로 조서 및 영상녹화물을 함께 검토해야 함. ② 조언이 진술에 미치는 영향에 주목해야 함.

다음으로, 조서왜곡에 관하여는 앞서 살펴본 9가지 왜곡유형에 대한 종합적 평가와 사전면담·신문의 유무 확인 등이 함께 이루어져야 한다. 9가지 왜곡유형 중 일부만이 간헐적으로 확인되는 경우라면 '해당 부분'이 진술한 내용과 동일하게 작성되지 않았음에 대한 탄핵의 가능성이 있는 반면, 9가지 왜곡유형 중 다수가 빈번하게 확인되는 경우 또는 다른 유형의 왜곡에 더하여 사전면담·신문이 확인되는 경우라면 '당해 조사(조서) 전체' 및 '후속 조사(조서)'에서의 진술이 특히 신빙할 수 있는 상태하에서 행하여지지 않았음에 대한 탄핵의 가능성이 있기 때문이다.

> 9가지 왜곡유형 일부가 간헐적으로 확인됨. → 실질적 진정성립 탄핵 / 해당 부분

> 9가지 왜곡유형 다수가 빈번하게 확인됨. 또는 9가지 왜곡유형 일부가 간헐적으로 확인되더라도 사전면담·신문이 함께 확인됨. → 특신상태 탄핵 / 전체 조사(조서)

2. 사안별 진단

1) 변호인 등의 참여

(1) 변호인의 참여

형사소송법 제243조의2는 변호인의 신문 참여권에 관하여 규정하고 있고, 수사준칙 제13조와 제14조는 신문 참여 변호인의 조력권에 관하여 구체적으로 규정하고 있다. 형사소송법상 변호인은 부당한 신문방법 이외에 대하여는 신문 후에 의견을 진술하거나 검사 또는 사법경찰관의 승인을 얻어 의견을 진술할 수 있다(제243조의2 제3항). 즉, 신문 중 변호인의 의견 진술은 제약된 범위 및 절차 내에서만 가능하다. 반면, 수사준칙은 신문 중 변호인이 의견 진술을 요청하면 정당한 사유가 있는 경우 이외에는 검사 또는 사법경찰관이 이를 승인해야 하는 것으로 규정하고 있다(제14조 제2항). 즉, 수사준칙 시행 이후 신문 중 변호인의 의견 진술 여지 및 범위가 상당히 넓어졌다. 따라서 현 시점에서 변호인의 참여와 연관되는 특신상태 진단의 핵심은 변호인의 의견 진술권에 제약이 있었는지, 있었다면 그 제약에 정당한 사유가 있었는지를 점검하는 데 있다.

신문 과정에서 있을 수 있는 변호인 조력의 양태, 이에 대한 조사자의 대응 등은 다양하고, 각각의 당부에 관한 견해도 다양하다.[97] 특히, 학계에서는 단순한 의견 진술뿐만 아니라 진술거부권 행사를 권고하는 것, 진술번복을 유도하는 것, 특정한 답변을 유도하는 것까지 변호인의 적법한 조력권 행사에 해당한다는 견해도 적지 않다.[98] 따라서 변호인의 의견 진술권 제약을 정당화할 수 있는 사유는 변호인의 참여 자체를 제한할 수 있는 사유와 크게 다르지 않다고 볼 수 있다. 변호인의 참여 자체를 제한할 수 있는 대표적 사유는 신문방해와 수사기밀 누설이다.[99] 문제는 현재까지 신문방해와 수사기밀 누설의 의미

---

[97] 이형근, 변호인의 신문참여에 관한 하위 법령·규칙 비교연구, 법조 제69권 제3호, 2020b, 89-90면.

[98] 학계의 상세한 논의 현황은 "이형근, 2020b" 참고.

[99] 대법원 2003. 11. 11. 자 2003모402결정, 헌법재판소 2004. 9. 23. 선고 2000헌마138 결정, 검찰사건사무규칙 제22조, 경찰수사규칙 제12조, 제13조.

와 내용이 구체적으로 정립되어 있지 않고, 신문방해와 수사기밀 누설에 관하여 규정하고 있는 수사기관의 하위 규범 중 일부는 그 내용, 형식 및 개정 현황에 비추어 온전한 규범력을 인정하기 어렵다.[100] 따라서 변호인의 의견 진술권에 제약이 있었다면, 진술이 특히 신빙할 수 있는 상태하에서 행하여지지 않았다는 탄핵의 가능성을 염두에 두어야 한다.

한편, 변호인의 조력권 제약이 참여 제약(중단)으로까지 이어진 경우에는 그 내용뿐만 아니라 절차의 적법성에도 주목해야 한다. 특히, 검찰사건사무규칙과 경찰수사규칙은 변호인의 신문 참여를 중단할 경우 검사 또는 사법경찰관이 취해야 할 조치를 규정하고 있는데, 그 내용이 서로 다르다는 점을 잘 알고 있어야 한다. 검찰사건사무규칙은 변호인 신문 참여 중단 시 ① 준항고권 고지, ② '다른' 변호인의 참여 기회 보장을 규정하고 있다(제22조 제5항). 경찰수사규칙은 이 두 가지에 더하여 ③ 참여 중단의 사유 설명, ④ 참여 중단에 대한 의견 진술 기회 부여, ⑤ 참여 중단 사유 해소 시 '당해' 변호인의 참여 기회 보장을 규정하고 있다(제13조 제2항, 제3항). 검사 또는 사법경찰관이 소속 기관의 규범을 준수하지 않은 때에는 적법한 절차와 방식 위반뿐만 아니라 특신상태 위반에 대한 탄핵의 가능성이 있다. 또한, 소속 기관의 규범을 준수했다고 하더라도(예: 검사가 위 ①, ②의 조치만 하고, ③, ④, ⑤의 조치를 하지 않은 경우), 특신상태 위반에 대한 탄핵의 가능성이 전혀 없는 것은 아니라는 점도 유의해야 한다. 수사기관의 하위 규범은 소속 검사 또는 사법경찰관이 준수해야할 '필요조건'인 것이지, 이를 준수했다고 모든 법적 문제로부터 자유로울 수

---

100 2019. 11. 12. 제정 [시행 2019. 11. 12.] 대검찰청예규 제1028호 '변호인 등의 신문·조사 참여 운영지침' 제7조 제1항 1. 「형사소송법」제243조의2 제3항 단서에 반하여 검사의 승인 없이 신문·조사에 개입하거나 모욕적인 언동 등을 행하는 경우, 2. 피의자를 대신하여 답변하거나, 특정한 답변·진술 번복을 유도 또는 조언의 명목으로 부당하게 신문·조사를 지연시키는 경우, 3. 「형사소송법」제243조의2 제3항 단서에 반하여 부당한 신문·조사 방법 이외의 사항에 대하여 이의를 제기하는 경우, 4. 신문·조사 내용을 촬영·녹음하거나 전자기기를 이용하여 기록하거나 외부로 유출하는 경우, 5. 증거의 인멸·은닉·조작, 조작된 증거의 사용, 공범의 도주 원조, 피해자나 당해 사건의 수사·재판에 필요한 사실을 알고 있다고 인정되는 자 또는 그 친족의 생명·신체나 재산에 대한 침해 등의 위험이 구체적으로 드러난 경우. 현 시점에서 변호인 등의 신문·조사 참여 운영지침 제7조 제1항 각호가 갖는 의미에 관한 상세한 설명은 "이형근, 제정 수사준칙상 피의자신문 이전 절차에 관한 고찰: 출석요구, 변호인의 신문참여, 사전신문 문제를 중심으로, 형사정책연구 제31권 제3호, 2020c" 참고.

있는 '충분조건'은 아니기 때문이다.

(2) 변호사 등의 참여

형사소송법은 변호인의 신문 참여 이외에 신뢰관계인의 조사 동석을 규정하고 있고(제163조의2, 제221조 제3항, 제244조의5), 수사준칙은 신뢰관계인의 조사 동석에 관하여 구체적으로 규정하고 있다(제24조). 또한, 검찰사건사무규칙 제22조 제11항과 경찰수사규칙 제14조는 변호인의 신문 참여에 관한 조항을 피의자 아닌 사람에 대한 조사에 준용하도록 하고 있다. 이에 따라 피의자 신문에 '변호인'이 참여할 수 있는 것과 마찬가지로 피의자가 아닌 사람(예: 피해자)의 조사에 '변호사'가 참여할 수 있다. 아울러 몇몇 특별법에서는 진술조력인의 피해자 조사 참여를 규정하고 있다(예: 성폭력범죄의 처벌 등에 관한 특례법[101] 제36조). 이상을 종합하면, 조사 과정에는 변호인뿐만 아니라 신뢰관계인, 변호인이 아닌 변호사, 진술조력인 등 다양한 관계자(이하 '변호사 등')가 참여할 수 있음을 알 수 있다.

변호사 등이 조사에 참여한 경우에는 이들의 역할 제약과 연관되는 문제뿐만 아니라 이들의 역할 과다 및 조사 관여와 연관되는 문제도 고려해야 한다. 즉, 조사 참여 변호사 등이 조사자의 조사 또는 피조사자의 진술에 관여할 경우 그 빈도와 정도에 따라 특신상태, 임의성, 진술의 증명력(신빙성)을 탄핵할 사유가 될 수 있다. 따라서 조서나 조사자 증언을 증거로 할 수 없게 되는 상황, 가사 증거로 사용하더라도 그 증명력이 감쇄되는 상황 등을 고려해야 한다. 이와 같은 유의점은 변호인의 신문 참여에도 그대로 적용된다. 앞서 언급했던 '진술번복 유도' 문제를 예로 설명하자면, 조사자에 의해 신문 참여 변호인의 진술번복 유도가 용인되었다고 하더라도, 피조사자가 번복한 최종 진술의 증명력은 그만큼 감쇄될 것임을 어렵지 않게 알 수 있다. 또한, 조사자의 질문이나 조사방식 등도 조서나 조사자 증언의 증거능력 및 증명력에 영향을 미칠 수 있다.

---

101 2020. 10. 20. 일부개정 [시행 2021. 1. 21.] 법률 제17507호 '성폭력범죄의 처벌 등에 관한 특례법'

★ 조사자의 질문 및 조사방식

문답식으로 이루어지는 조사에서 '답'은 기본적으로 '문'이라는 작용에 대응하는 반작용이며, 시간이 지남에 따라 양자는 상호작용한다. 따라서 동일한 내용의 답도 그것과 연관되는 전후의 문에 따라 그 의미가 달라진다. 가령, "예"라는 답에 선행하는 문이 "그곳에 간 사실이 결코 없나요?"인 경우와 "그곳에 간 기억이 없나요?"인 경우를 비교해 보면, 전자에 대한 "예"의 강도가 상대적으로 더 높다. 그래서 조사자의 질문은 — 부적정한 질문으로 자백이 이루어지는 경우와 같은 극단적 상황 이외에도 — 거의 언제나 피조사자의 답변에 영향을 미친다.

한편, 조사자의 조사방식도 피조사자의 답변에 영향을 미치는데, 이는 주로 피조사자에 대한 조사자의 부정적 또는 지지적 태도와 이에 따른 조사방식 차이로 나타난다. 가령, 어떤 피조사자에 대하여는 추궁 위주의 조사를 하고, 다른 피조사자에게는 유리한 핑계 거리를 넌지시 암시하면서 조사를 하는 경우가 있다. 이와 같은 현상은 비단 조사자가 부정한 청탁을 받아서 벌어지는 것이 아니다. 조사 전에 접한 정보(예: 수사기록)를 통해 일정한 심증을 형성한 조사자라면 대소강약의 차이는 있겠으나 누구든지 이와 같은 조사방식을 구사할 가능성이 있다.

따라서 수사조서를 진단할 때에는 피조사자의 답변뿐만 아니라 그것과 연관되는 전후의 질문도 함께 살펴야 하고, 특히 조서에는 기재되어 있지 않으나 영상녹화물에서 확인되는 조사자의 질문이나 발언을 잘 살펴야 한다. 또한, 조사자의 질문이나 발언이 갖는 법심리학적 의미, 특히 증거법적 의미를 온전히 이해하기 위해서는 질문유형, 질문방식 등 법심리학적 면담방법론의 핵심기술에 대한 가외의 학습이 필요하다.[102]

요컨대, 변호인, 변호사, 조사자 등이 조사에서 행한 역할 및 그 강도와 피조사자가 행한 진술의 증거능력 및 증명력은 일정 부분 부적(−) 상관관계에 있을 수 있다. 따라서 수사측과 피고측은 이와 같은 양면성을 잘 이해하고 조사, 조서작성, 수사조서 진단 등에 임해야 한다.

2) 조서왜곡

조서왜곡과 연관되는 특신상태의 진단은 조서왜곡을 실질적 진정성립 부

---

102 질문유형, 질문방식 등 법심리학적 면담방법론에 관한 상세한 설명은 "이형근, 2021a" 참고.

정 사유가 아니라 특신상태 부정 사유로 본 대법원 판결[103]에 대한 정밀한 이해에서 출발할 필요가 있다. 이 사건의 요지는 다음과 같다.[104]

[수사 및 기소]

피고인은 특정범죄가중처벌등에관한법률위반(뇌물) 등의 혐의로 검찰조사를 받았다. 공소외 2[수사 중 사망]는 검찰조사에서 피고인에게 위와 같은 혐의가 있다는 취지의 진술을 하였고, 검사는 그 진술을 토대로 피고인을 기소하였다.

[1심]

피고인과 변호인은 **"공소외 2의 각 검찰진술은 공소외 2에 대한 횡령, 배임, 배임수재 등의 혐의사실이 검찰 제1, 2회 조사과정에서 대부분 확인되었고, 당시 공소외 2가 방광암 등으로 건강상태가 악화되어 있었음에도, 검사는 공소외 2에게 제대로 된 휴식이나 치료의 기회를 제공하지 않은 채, 오로지 피고인에 대한 혐의사실을 밝히기 위해 위와 같이 악화된 공소외 2의 건강상태를 이용하여 공소외 2로 하여금 검찰이 원하는 방향에 [맞추어] 진술하도록 한 것으로서 공소외 2의 각 검찰진술은 임의성이 없고, 특히 공소외 2의 진술이 [수시로] 변화되었다는 점을 고려하면 더더욱 공소외 2가 위와 같이 건강악화 등을 이유로 불안한 심리상태에서 진술한 것으로 볼 수밖에 없어 그 진술이 특히 신빙할 수 있는 상태하에서 이루어졌다고 볼 수도 없다. 따라서 공소외 2의 각 검찰 진술은 증거능력이 없다. 가사 공소외 2의 각 검찰진술에 증거능력이 인정된다고 하더라도 공소외 2의 진술은 신빙성이 없다."**라고 주장하였다〈주장1〉. 그러나 법원은 <u>공소외 2의 검찰 진술은 임의성이 있고 그 진술 내용이 특히 신빙할 수 있는 상태하에서 행하여졌다고 인정할 수 있다</u>고 보았다. 이에 법원은 유죄(징역 7년 및 벌금 1억원)를 선고하였고, 검사는 양형부당을 이유로, 피고인은 법리오해와 사실오인 및 양형부당을 이유로 각각 항소하였다.

[2심]

피고인과 변호인은 1심에서의 주장에 더하여 **"공소외 2에 대한 제3회 검찰 피의자신문조서의 경우, 검사가 영상녹화가 종료되기 이전에 공소외 2가 진술한 내용에 따라 작성한 조서를 파기하거나 은닉해 버리고 뒤늦게 전혀 새로운 내용의 조서를 작성하**

---

103 대법원 2014. 8. 26. 선고 2011도6035 판결.
104 이형근, 영상녹화물에 의한 특신상태 증명: 대법원 2014. 8. 26. 선고 2011도6035 판결의 해석을 중심으로, 형사정책연구 제30권 제4호, 2019, 177－183면.

여 제출하였으며, 가사 검사의 주장처럼 공소외 2가 조서를 열람하는 과정에서 진술이 변경되었다고 하더라도 검사가 종전의 조서는 일단 그대로 완성하고 출력하여 서명·무인을 받고 변경된 진술에 대하여는 새로운 조서를 작성하여야 하는데도 이와 달리 종전 진술을 삭제하고 새로운 진술만을 기재한 조서를 제출하였으므로 그 증거능력을 인정할 수 없다."라고 주장하였다〈주장2〉. 그러나 법원은 제3회 피의자신문조서의 증명력을 어느 정도까지 인정할 것인지는 별론으로 하고 그 증거능력 자체를 부정할 수는 없다고 보았다. 이에 법원은 1심 판결을 파기자판하면서 유죄(징역 7년 및 벌금 1억원)를 선고하였고, 검사와 피고인 공히 법리오해와 사실오인을 이유로 상고하였다.

[3심]

법원은 "조서라는 것이 진술자의 진술내용을 빠짐없이 모두 기재하는 것은 아니라고 하더라도 적어도 그 진술의 내용이 조사자의 의도에 맞추어 임의로 삭제·가감됨으로써 진술의 취지가 변경·왜곡되어서는 아니 될 것이다. 그런데 원심판결의 이유와 기록에 의하면 [공소외 2의] 제3회 피의자신문조서에서는 피고인에 대한 뇌물액수를 20억원으로 정한 시기, 뇌물약속을 제안한 상대방, 뇌물약속의 이행방법, 뇌물약속으로 받을 특혜의 내용으로서 피고인에 대한 공소사실을 유죄로 인정하기 위한 구성요건적 사실이나 핵심적 정황에 관한 사실들이 기재되어 있으나, 그 영상녹화물에는 위와 같은 진술이 없거나 그 내용이 다른 사실을 알 수 있는바, 이처럼 영상녹화물에 나타난 공소외 2의 진술내용과 그에 대응하는 피의자신문조서의 기재 사이에 위와 같은 정도의 차이가 있다면 다른 특별한 사정이 없는 한 그 진술의 내용이나 조서의 작성이 법 제314조에서 말하는 특히 신빙할 수 있는 상태하에서 행하여졌음이 증명된 때에 해당한다고 볼 수는 없다. (중략) 검사가 작성한 공소외 2에 대한 제3회 피의자신문조서와 그 후의 피의자신문조서들[105]은 그 진술이 특히 신빙할 수 있는 상태하에서 행하여졌음이 증명되었다고 보기 어려워 이를 증거로 삼을 수 없[다.]"라고 판시하였다. 법원은 2심 판결의 유죄 부분과 무죄 부분 모두를 파기환송하였다.

[파기환송심]

법원은 대법원의 판시사항을 수용하여 피고인의 특정범죄가중처벌등에관한법률위반(뇌물) 혐의 모두에 대하여 무죄를 선고하였다. 다만, 함께 기소된 별건 제3자뇌물수수 혐의에 대하여 유죄(징역 1년 6월에 집행유예 2년)를 선고하였다.

---

105 검찰조사 과정에서 공소외 2에 대한 피의자신문은 총 16회에 걸쳐 이루어졌다. 따라서 법원이 특신상태 불충족을 이유로 증거능력을 부정한 피의자신문조서는 제3회부터 제16회까지 14건이다.

이와 같은 사건의 요지를 통해 다음과 같은 시사점을 도출할 수 있다. 첫째, 공소외 2의 건강상태, 강압적 수사, 진술의 비일관성 등 전통적 진술증거 탄핵사유<주장1>가 아니라, 영상녹화 환경하에서 조서와 영상녹화물 간의 차이 등 새로운 진술증거 탄핵사유<주장2>가 대법원의 최종 판단에 더 큰 영향을 미쳤다. 둘째, 제3회 피의자신문조서의 증거능력을 인정하였던 2심도 조서와 영상녹화물 간의 차이, 즉 조서왜곡이 조서의 증명력에는 부정적 영향을 줄 수 있다는 논지를 취하였다. 셋째, 대법원은 조서왜곡을 실질적 진정성립 부정 사유가 아니라 특신상태 부정 사유로 보았다. 대법원이 적시한 구체적 왜곡유형은 추가와 조작이다. 가령, "조서에는 기재되어 있으나 영상녹화물에는 위와 같은 진술이 없[다.]"는 추가를 적시한 부분이고, "조서에는 기재되어 있으나 영상녹화물에는 그 내용이 다[르다.]"는 조작을 적시한 부분이다.[106] 넷째, 대법원은 제3회 조서 전체의 증거능력을 부정하였다. 만약, 실질적 진정성립 부정 사유로 보았다면, 추가와 조작이 있는 부분의 증거능력만 부정하였을 것이다.[107] 다섯째, 대법원은 제3회 조서뿐만 아니라 그 뒤에 작성된 조서 13건 모두의 증거능력을 부정하였다.

대법원이 추가를 적시한 부분, 즉 "조서에는 기재되어 있으나 영상녹화물에는 위와 같은 진술이 없[다.]" 부분에 대하여는 약간의 부연이 필요할 것으로 생각한다. 영상녹화물에 없는 진술, 즉 공소외 2가 실제로 하지 않은 진술이 조서에 포함되어 있음에도 불구하고 공소외 2가 조서열람 단계에서 이를 정정하지 않은 이유를 쉽게 이해할 수 없기 때문이다. 판결문을 통해서는, 조서를 열람하는 과정에서 추가되었을 것이라는 의혹이 제기되었다는 점 이외에는, 그 원인을 정확히 알 수 없다. 다만, 사건의 요지를 찬찬히 음미해 보면 가능한 원인 중 하나는 사전면담·신문이 될 것으로 추정된다. 앞서 추가는 '사전조사 삽입형'과 '요지정리 삽입형'으로 대별된다고 하였다. 대법원 판결에 적시된 추가 내용은 "피고인에 대한 뇌물액수를 20억원으로 정한 시기, 뇌물약속을 제안한 상대방, 뇌물약속의 이행방법, 뇌물약속으로 받을 특혜의 내용"이다. 추

---

106 판결문을 통해서는 '추가'가 문답추가 형태인지 답변만 추가된 형태인지 알 수 없고, '조작'이 뚜렷한 조작인지 미묘한 조작인지 알 수 없다.

107 대법원 2013. 3. 14. 선고 2011도8325 판결.

가된 내용이 다양하고 구체적이기 때문에 이는 '사전조사 삽입형' 추가가 있었을 가능성을 시사한다. '요지정리 삽입형' 추가는 통상 한두 개의 종합적·일반적 문답(진술) 형태를 띠기 때문이다. 조사 당시 공소외 2가 구금된 상태였던 점, 당해 조사가 최초의 조사가 아니었던 점, 제3회 조사에 대하여만 유일하게 영상녹화가 이루어졌던 점[108] 등이 이와 같은 추론을 뒷받침한다. 이제 앞서 제시하였던 진단기준을 다시 한번 음미해 보자.

> 조서왜곡에 관하여는 앞서 살펴본 9가지 왜곡유형에 대한 종합적 평가와 사전신문·면담의 유무 확인 등이 함께 이루어져야 한다. 9가지 왜곡유형 중 일부만이 간헐적으로 확인되는 경우라면 '해당 부분'이 진술한 내용과 동일하게 작성되지 않았음에 대한 탄핵의 가능성이 있는 반면, 9가지 왜곡유형 중 다수가 빈번하게 확인되는 경우 또는 다른 유형의 왜곡에 더하여 사전신문·면담이 확인되는 경우라면 '당해 조사(조서) 전체' 및 '후속 조사(조서)'에서의 진술이 특히 신빙할 수 있는 상태하에서 행하여지지 않았음에 대한 탄핵의 가능성이 있기 때문이다.

독자들이 조서왜곡을 실질적 진정성립 부정 사유가 아니라 특신상태 부정 사유로 본 대법원 판결을 정밀하게 이해하였다면, 앞의 진단기준이 처음보다 훨씬 더 선명하게 보일 것이다. 또한, 대법원 판결에서 추가로 확인된 바를 고려하여 조서왜곡이 임의성 탄핵의 사유가 될 가능성, 증거능력과 별론으로 증명력 탄핵의 사유가 될 가능성 등도 염두에 두어야 할 것으로 생각한다.

3. 요약 및 안내

1) 요약

지금까지 변호인 등의 참여와 조서왜곡을 중심으로 진술이 특히 신빙할 수 있는 상태하에서 행하여졌는지에 대한 진단법을 학습해보았다. 학습한 내용을 요약하면 <표 6>과 같다.

---

108 선별적·부분적 영상녹화는 사전면담·신문을 통한 리허설이 있었음을 강력하게 시사하는 징후다(이형근, 2021b, 324면).

표 6　진술이 특히 신빙할 수 있는 상태하에서 행하여졌는지의 진단 요약

	기준	세부 및 유의점
변호인 등의 참여	• 참여 자체의 제한과 개개 조력 행위의 제한으로 구분 • 사안에 따라 조서와 영상녹화물 병행 검토	• 변호인의 의견 진술권에 제약이 있었다면 특신상태 다툼의 가능성 있음 • 변호인 참여 중단의 경우 절차의 적법성도 고려(예: 사유 설명, 의견 진술 기회 부여) • 제한이 특신상태에 미치는 영향뿐만 아니라 조력·조언이 진술의 증거능력·증명력에 미치는 영향도 고려
조서왜곡	• 왜곡의 빈도와 정도 고려 • 사안에 따라 실질적 진정성립, 특신상태 탄핵 가능성 고려(사전면담·신문이 중요함)	• 전통적 진술증거 탄핵사유보다 강력한 효과가 있음 • 특히, '사전조사 삽입형' 추가를 확인하는 것이 중요함 • 특신상태 부정의 파급력이 실질적 진정성립 부정의 파급력보다 현저히 더 큼(조서 전체, 후속 조서, 조사자 증언) • 임의성, 증명력 탄핵 가능성도 고려

2) 안내

진술이 특히 신빙할 수 있는 상태하에서 행하여졌는지에 대한 진단은 수사조서 진단 중 가장 어려운 국면이다. 적법한 절차와 방식에 따라 작성되었는지에 대한 진단과 같이 간결한 진단공식이 있는 것도 아니고, 진술한 내용과 동일하게 작성되었는지에 대한 진단과 같이 주된 증거법 요소(실질적 진정성립)가 구체적인 것도 아니다. 이는 특신상태 요건의 본질적 추상성·다의성에 기인하는 면이 크다. 그러나 '아는 만큼 보인다'라는 말처럼 본장에서 학습한 내용을 염두에 두고 진술증거를 음미하다 보면 점차 보는 눈이 트일 것으로 생각한다.

수사측에서는 특신상태 부정의 파급력을 염두에 두되, 적법한 절차와 방식에 따라 작성되었는지에 대한 진단 및 진술한 내용과 동일하게 작성되었는지에 대한 진단에서 학습한 바를 잘 준수하고, 추가로 변호인 등의 참여에 관한

법령·규칙 및 판례를 잘 숙지하여 이행한다면 큰 문제가 없을 것이다. 피고측에서는 특신상태가 추상적·다의적 요건이라는 점, 변호인 등의 참여가 특신상태 평가의 핵심적 고려 요소라는 점, 조서왜곡을 특신상태 부정 사유로 본 대법원 판결이 존재한다는 점, 한 가지 사유가 동시에 둘 이상의 증거능력 인정 요건과 연관되는 경우가 많다는 점 등을 고려하여, 적법한 절차와 방식에 따라 작성되었는지에 대한 진단 및 진술한 내용과 동일하게 작성되었는지에 대한 진단에 더하여 '가외의 노력을 들어야 한다'라는 부담감을 버리고, 본장에서 학습한 내용을 기준으로 진술증거를 음미하는 습관을 들이는 것을 출발점으로 삼아도 좋을 것이다.

---

summarY

진술이 특히 신빙할 수 있는 상태하에서 행하여졌는지의 '진단기준'

① 변호인 등의 참여와 조서왜곡을 중심으로, 사안에 따라 조서와 영상녹화물 검토를 병행하여, 특신상태 탄핵 가능성을 고려한다. ② 특신상태를 개별적·추가적으로 진단한다는 관점보다 다른 요건과 병행하여 검토한다는 관점으로 접근한다.

진술이 특히 신빙할 수 있는 상태하에서 행하여졌는지 '진단의 세부 및 유의점'

① 변호인 참여 중단의 경우 절차의 적법성도 고려(예: 사유 설명, 의견 진술 기회 부여)한다. ② 제한이 특신상태에 미치는 영향뿐만 아니라 조력·조언이 진술의 증거능력·증명력에 미치는 영향도 고려한다(이상 '변호인 등의 참여'). ③ 특히, '사전조사 삽입형' 추가를 확인하는 것이 중요하다. ④ 특신상태 부정의 파급력이 실질적 진정성립 부정의 파급력보다 현저히 더 크다는 점에 유의한다(조서 전체, 후속 조서, 조사자 증언). ⑤ 임의성, 증명력 탄핵 가능성도 염두에 둔다(이상 '조서왜곡').

수사측과 피고측의 '대응법'

(수사측) ① 적법한 절차와 방식에 따라 작성되었는지에 대한 진단 및 진술한 내용과 동일하게 작성되었는지에 대한 진단에서 학습한 바를 잘 준수한다. ② 변호인 등의 참여에 관한 법령·규칙 및 판례를 잘 숙지하고 이행한다.

(피고측) '가외의 노력을 들어야 한다'라는 부담감을 버리고, 본장에서 학습한 내용을 기준으로 진술증거를 음미하는 습관을 들인다.

수사조서 진단과 처방
사례연습

CHAPTER
05
수사조서 진단과 처방 사례연습

1. 사례연습 안내

1) 사례선정 기준

본장에서는 독자들이 지금까지 학습한 내용을 종합적으로 이해하고, 이를 실제 사건의 수사조서 진단 및 처방에 곧바로 적용할 수 있도록 사례연습을 해보고자 한다. 사례는 범죄 발생의 빈도와 범죄의 특성을 고려하여, 사기 사건의 피의자신문 사례 1건과 강제추행 사건의 피해자조사 사례 1건으로 선정하였다. 범죄 발생의 빈도는 대검찰청에서 발간한 '2021 범죄분석'을 참고하였다.[109]

2020년을 기준으로 사기 사건은 교통범죄를 제외한 전체범죄의 1/4 이상을 차지하는 죄종이다(354,154건/1,337,162건). 또한, 지난 10년간 사기 사건과 절도 사건의 발생 빈도가 역전되었다는 점도 주목을 요하는 부분이다(절도: 28만 → 17만, 사기: 22만 → 35만). 즉, 지난 10년간 절도는 감소하고 사기는 증가하여, 현 시점에서 사기는 가장 빈번하게 발생하는 죄종으로 자리매김하였다. 아울러, 법리상 사기죄의 핵심 구성요건은 기망과 재물(이익) 취득이지만, 실무상 쟁점이 되는 것은 거의 기망 부분이기 때문에 이 죄종의 수사와 재판에서는 특히 피의자의 고의 유무와 이에 관한 피의자의 진술이 매우 중요하다. 이와 같은 점들을 고려하여, 사기 사건의 피의자신문 사례를 첫 번째 연습과제로 선정하였다.

2020년을 기준으로 약 3만 건의 성폭력범죄가 발생하였고, 이 중 1/2 정도가 강제추행이었다(14,486건/30,105건). 정량적인 측면에서 성폭력범죄가 전체 범

---

109 대검찰청, 2021 범죄분석, 대검찰청, 2021, 3-16면.

죄에서 차지하는 비중이 큰 것은 아니다. 그러나 지난 10년간 성폭력범죄 발생 빈도가 꾸준히 증가해 왔다는 점(성폭력범죄: 2만 2천 → 3만, 강제추행: 8천 → 1만 4천), 세칭 '성인지감수성 판결'로 일컬어지는 2018년의 대법원 판결110이 널리 채택되고 있는 점 등을 고려할 때, 그 증가 추세가 당분간 지속될 것으로 전망된다. 또한, 성폭력범죄, 특히 강제추행 사건의 경우 피해자의 진술이 유일한 증거인 경우가 많기 때문에 올바른 진술 청취 및 기록, 이에 대한 적정한 증거법적 평가가 매우 중요하다. 이와 같은 점들을 고려하여, 강제추행 사건의 피해자조사 사례를 두 번째 연습과제로 선정하였다.

2) 연습방법 안내

수사조서 진단 및 처방의 출발점은 조서를 '열람'하면서 영상녹화물을 '시청'하는 것이다. 본장에서는 영상녹화물 대신 이를 축어적으로 서면화한 녹취록을 제공할 것인데, 이는 어디까지나 책이라는 매체의 한계와 연습의 간이화를 위해 선택한 차선이다. 따라서 독자들은 ① 조서와 녹취록을 비교·대조하면서 검토하는 것을 진단 및 처방의 출발점으로 삼으면 된다.

★ 영상녹화물과 녹취록의 차이

녹취록은 영상녹화물에 포함된 '음성' 정보를 '거의' 그대로 서면화한 것이기 때문에 영상녹화물의 내용과 크게 다르지 않다. 특히, 녹취록은 조서보다는 영상녹화물의 내용에 현저히 더 가깝다. 그러나 녹취록이 영상녹화물과 동일한 것은 결코 아니다. 가령, 영상녹화물에는 음성분만 아니라 영상이 포함되어 있으나 녹취록에는 영상에 관한 정보가 없고, 영상녹화물에는 음성의 내용분만 아니라 형태(예: 고저장단, 음조 등)가 포함되어 있으나 녹취록에는 이와 같은 정보가 없다. 따라서 녹취록만으로 특정 문답의 진의를 파악하는 데에는 일정한 제약이 따른다. 또한, 녹취록에는 녹취자가 이해하지 못한 용어의 오기나 누락이 있을 수 있고, 녹취록 초안을 녹취의뢰자에게 컨펌받는 과정에서 일정한 왜곡이 개입할 수 있다.

한편, 영상녹화물에는 다양한 '노이즈'가 포함되어 있으나 녹취록을 통해서는 이를 확

---

110 대법원 2018. 10. 25. 선고 2018도7709 판결.

인할 수 없다. 영상녹화물에 포함된 노이즈가 수사조서 진단 및 처방에 중요한 시사점을 주는 경우가 있기 때문에 이는 녹취록의 제약점임에 틀림없다. 가령, 조사자의 타이핑 소리가 여기에 해당한다. 조사자의 타이핑 소리는 조사자의 특정 발언이 사전에 미리 준비된 것인지 실시간으로 이루어진 것인지, 생략 형태의 조서왜곡이 처음부터 타이핑하지 않아서 발생한 것인지 처음에는 타이핑했다가 이후(예: 조사 후반의 조서 편집)에 삭제하여 발생한 것인지 등을 판단할 단서가 된다. 처음에는 타이핑했다가 이후에 삭제하여 발생한 생략은 처음부터 타이핑하지 않아서 발생한 생략보다 훨씬 더 문제가 크다. 소극적으로 '구술'을 배척한 것이 아니라 적극적으로 '기재'를 배제한 것이기 때문이다.

조서와 녹취록 검토를 통해 내용 및 형식상 차이의 대강을 가늠했다면, ② 조서·영상 대비표 작성으로 나아가야 한다. 조서·영상대비표의 구성과 작성법은 제3장에서 상세히 설명하였다. 원칙적으로 조서·영상 대비표는 조서와 녹취록 전부에 대하여 작성해야 한다. 전체를 대비표 안에서 조망해야 진단의 누락을 방지할 수 있고, 조서편집이나 처음에는 타이핑했다가 이후에 삭제하여 발생한 생략까지 탐지할 수 있기 때문이다. 다만, 특정 부분에만 오류가 있는 경우, 사안의 중요도에 비해 조서·영상 대비표 작성에 소요되는 시간과 노력이 너무 과도한 경우, 영상녹화물에 대하여 등사는 불허되고 열람만 허용되어 한정된 시간 내에 조서진단을 해야 하는 경우에는 조서와 녹취록 일부에 대한 조서·영상 대비표 작성이 불가피할 것으로 생각한다. 참고로, 기관에 따라 영상녹화물 열람 시에 노트북 등의 사용을 허용하는 경우도 있고, 수기 형태의 메모만 허용하는 경우도 있다는 점을 고려하고 필요한 준비를 하여야 한다.

조서·영상 대비표 작성이 완료된 이후에는, ③ 의견서('분석보고서' 등 명칭 불문)를 작성해야 한다. 통상적으로 의사결정자(예: 판사)는 '조서·영상 대비표'에 익숙하지 않고, 대비표에서 확인되는 '차이'와 그 증거법적 '의미'를 의사결정자에게 좀 더 정치하게 설명할 필요가 있으며, 이를 토대로 의사결정자에게 일정한 촉구(예: 증거능력을 부정해야 한다, 조사자를 증인으로 신문해서는 안 된다)를 할 필요가 있기 때문이다. 의견서에는 정해진 서식이 없으므로 법률문서 작성법 일반론에 따라 작성하면 될 것으로 생각하고, 필요한 경우에는 조서·영상 대비표의 특정 부분을 발췌하여 의견서 본문에 표 또는 그림의 형태로 삽입하는 방법, 의견서 뒤에 조서·영상 대비표 전문을 첨부하는 방법 등도 고려할 수 있겠다.

지금까지 안내한 연습방법은 다분히 피고측의 관점에 입각하고 있다. 수사측에서 선제적·적극적으로 수사조서를 진단하여, 증거능력이 있음, 증명력이 높음, 조사자 증언의 요건이 됨 등을 주장할 일은 드물기 때문이다. 따라서 수사측에서는 피고측이 본장에서와 같은 방법론으로 수사조서를 진단하여 증거능력이 없음, 증명력이 낮음, 조사자 증언의 요건이 안 됨 등을 주장할 수 있다는 점을 정확히 인식하는 차원, 그리고 그 인식을 토대로 조사와 조서작성의 적정화를 꾀하는 차원에서 읽어 나아가기 바란다.

2. 피의자신문조서 진단과 처방 사례연습

1) 사례

(1) 사건 개요

① 고소인 나피해는 "2021. 7. 3. 피의자 안친구가 자신에게 3,000만원을 빌렸다. 2021. 12. 31.까지 빌린 돈을 갚기로 했다. 친구지간인 관계로 이자에 대하여는 달리 정한 바가 없다. 그런데 안친구가 약속대로 돈을 갚지 않아서 고소를 하게 되었다."라는 내용의 고소장을 제출하였다. ② 피의자는 경찰조사에서 당초 변제 의사 및 능력이 있었으나 부득이한 사정이 생겨서 돈을 갚지 못한 것이라고 진술하였다. 신문은 변호인 참여 없이 이루어졌고, 영상녹화되었다. ③ 사법경찰관은 피의자에게 변제 능력이 없었던 것으로 판단하고 사건을 검찰에 송치하였고, 검사도 사법경찰관과 같은 판단하에 사건을 기소하였다.

(2) 연습문제

앞서 제시한 사건 개요를 참고하여, <부록 9>에 수록된 피의자신문조서 진단용 피의자신문조서 및 진술녹취록을 검토한 후, 피고인의 변호인 입장에서 '조서·영상 대비표' 및 '의견서'를 작성하라.

2) 풀이

(1) 형식 진단

형식 진단으로, <부록 9>의 피의자신문조서가 적법한 절차와 방식에 따라 작성되었는지를 진단해 보면, 조서 끝면과 확인면에서 적법한 절차와 방식에 따라 작성되지 아니한 부분이 각 1곳씩 총 2곳 발견된다. ① <그림 16>의 끝면 하단을 보면, "이상의 진술이 사실인가요"라는 문과 "예"라는 답이 있는데, 이는 형사소송법 제244조 제2항 및 제3항에 따라 조사자가 '사실과 다른 부분의 유무'를 묻고, 피고인이 이에 대한 답변을 '자필'로 기재한 것으로 볼 수 있다. 그러나 이 문답 이외에 '진술한 대로 기재되지 아니하였는지'에 관한 문답이 없으므로, 전체적으로 볼 때 <부록 9>의 피의자신문조서는 적법한 절차와 방식에 따라 작성되지 아니한 조서다.

그림 16 조서 끝면에서 발견되는 적법한 절차와 방식 위반

문 : 이상의 진술이 사실인가요.

답 : 예.

문 : 참고로 더 할 말이 있나요.

답 : 없습니다.

문 : 추가적으로 서면 의견이나 자료를 제출할 것인가요.

답 : 아니요.

② <그림 17>의 수사과정확인서 다섯 번째 란을 보면, 조사과정 기재사항에 대한 이의제기나 의견진술 여부 및 그 내용에 관한 피고인의 답변이 타이핑되어 있고 그 옆에 피고인의 무인이 있는데, 이는 형사소송법 제244조 제2항, 제3항 및 이를 준용하는 제244조의4 제2항에 위반되는 답변 기재 방식이다. 즉, 이 부분 답변은 오로지 피고인의 자필로 기재되어 있어야 한다. 따라서

<부록 9>의 피의자신문조서는 적법한 절차와 방식에 따라 작성되지 아니한 조서다.

그림 17 조서 확인면에서 발견되는 적법한 절차와 방식 위반

5. 조사과정 기재사항에 대한 이의제기나 의견진술 여부 및 그 내용	없습니다.

(2) 내용 진단

내용 진단은 <부록 9>의 피의자신문조서와 진술녹취록을 비교하여, 조서가 진술한 내용과 동일하게 작성되었는지와 진술이 특히 신빙할 수 있는 상태하에서 행하여졌는지를 진단하는 것을 내용으로 한다. 이를 위해서는 먼저 조서·영상 대비표가 작성되어야 하는데, 저자가 작성한 조서·영상 대비표를 <부록 10>으로 수록하였으니 참고하기 바란다. 조서·영상 대비표를 보면, 실제로는 75회의 문답이 이루어졌고, 조서에는 23쌍의 문답이 기재되었음을 알 수 있다. 또한, 답변생략 1곳, 문답생략 9곳, 질문조작 2곳, 문답추가 1곳, 문답전환 3곳 등 총 16곳에 조서왜곡이 있음을 확인할 수 있다.

① 답변생략은 '이 사건은 사기 사건이 아니라 명백히 민사 사건이다'라는 피고인의 진술에 대하여 이루어졌다(<표 7> 참고). 즉, 조사자가 "뭐 더 하실 말씀 있으실까요?"라고 질문하였고, 피고인이 "못 갚은 건 맞지만 사기는 아닙니다. 그 친구 입장은 이해하지만 이건 명백히 민사예요. 형사님께서 잘 판단해 주셨으면 좋겠습니다"라고 답변하였는데, 피고인의 답변이 조서에 기재되지 않았다. 조서·영상 대비표를 정밀하게 살펴보면, 조사자가 진술 시점에는 "그건 있다가 자필로 쓰시면 되고"라고 언급하고, 기재 시점에는 "여기에는 '없습니다'라고 [쓰세요]"라고 언급하였음을 알 수 있다. 이 부분만 놓고 보면 내용상 주목을 요하는 생략은 아니라는 생각이 들 수 있다. 우선 진단을 좀 더 진행해 보자.

표 7 답변생략

조서	영상
참고로 더 할 말이 있나요.	뭐 더 하실 말씀 있으실까요?
없습니다.	못 갚은 건 맞지만 사기는 아닙니다. 그 친구 입장은 이해하지만 이건 명백히 민사예요. 형사님께서 잘 판단해 주셨으면 좋겠습니다.
-	그건 있다가 자필로 쓰시면 되고.
-	여기에는 '없습니다'라고.

② 문답생략은 '고소 전후 피고인이 고소인과 대화한 점(5곳)', '만두 가게 매출만으로 돈을 갚으려 했던 것이 아니라는 점(2곳)', '계좌 내역과 신용카드 사용 내역을 제출하지 않고자 하는 이유(2곳)' 등에 관한 문답에 대하여 이루어졌다(<표 8> 참고).

표 8 문답생략

조서(없음)	영상
고소 전 고소인과 대화	갚지 않은 이유가 무엇인가요?
	그게. 갚으려고 했는데 돈이 모자라서 그래서 <u>나피해한테 얘기를 해서</u>. 그러니까.
	<u>나피해한테 얘기를 했어? 뭐라고요?</u>
	좀 말미를 달라.
	좀 말미를 달라. 그랬더니?
	알았다고. 그런데 자기도 좀 요새 힘들다고.
다른 변제 노력	그리고 코로나 전에도 매출이. 이게 차 떼고 포 떼고 나면 순수입이 이게 6개월을 모으더라도 이게.
	아니. 그러니까 그게 돈이 <u>가게 돈만 가지고 갚는다기보다</u>.
	그러니까 누구한테 빌린다든지, 대출을 받는다든지.
	아. 중간에 빌리려고 여기저기 부탁을 해봤죠. 그러니까 예전에 같이 직장 다니던 <u>김금석이라는 친구하고 이은석이라는 친구, 그리고 박</u>.

	예. 다른 건 아니고 이게 돈을 한푼도 안 갚은 사안이다가 보니까 혹시 다른 데는 돈을 소비를 하면서 이 돈만.
계좌 내역 등 미제출 사유	가게 돌리고 생필품 하고 뭐 이런 데는 돈을 썼죠. 물론. <u>그럼 계좌내역이랑 카드 뭐 이런 걸 전부 다 달라는 말씀이신 건지.</u>
	예. <u>뭐 그건 저희가 강제할 수 있는 건 아니고,</u> 그럼 이 사건은 매출장부만 가지고 혐의를 판단하는 걸로. 그렇게 하면 되겠죠?
	예.
고소 후 고소인과 대화	조서는 이제 대충. 그 혹시 <u>고소된 이후에 고소인하고 연락하거나 하신 거 있으세요?</u>
	예. 형사님 전화 받고 <u>연락해서 얘기 나눴죠.</u>
	어떤 얘기?
	이렇게 고소하는 건 아닌 것 같다고 했더니 <u>자기도 어쩔 수 없다고 했어요. 힘들다고.</u>

조서·영상 대비표를 보면, 피고인이 고소 전후로 고소인과 이 사건 차용금 변제에 관하여 수차례 대화했다고 진술한 사실, 조사자도 피고인의 이와 같은 진술을 명백히 인식한 사실을 알 수 있다. 그러나 조사자는 이에 관한 문답 5쌍을 조서에 기재하지 않았다. 또한, 만두 가게 매출만으로 차용금을 변제하려고 했던 것이 아니라는 점, 김금석 등 3명의 지인에게 돈을 빌려서 차용금을 변제하려고 시도한 사실이 있던 점 등에 관한 문답 2쌍이 조서에 누락되었다. 아울러, 계좌 내역과 신용카드 사용 내역 일체를 제출하라는 것은 과한 것이 아닌가 하는 피고인의 의문, 강제하는 것은 아니라는 조사자의 발언 등에 관한 문답 2쌍이 조서에 누락되었다.

고소 전후 이루어진 피고인과 고소인 간의 대화 내용, 지인에게 돈을 빌려서 차용금을 변제하려고 시도한 사실 등은 피고인의 변제 의사 또는 능력을 판단함에 있어 중요한 요소다. 법리적으로 사후 고의(의사)는 사기죄의 성부에 영향이 없으나, 사실인정의 측면에서는 사후의 경과를 조망하여 행위 당시의 고의를 추단하는 것이 일정 부분 불가피하기 때문이다. 계좌 내역 등 미제출은 범죄의 성부에 영향을 주는 요인은 아니지만, 피고인이 수사에 비협조적이었다는 인상을 줄 수 있는 요인이다. 요컨대, <부록 9>의 피의자신문조서에서 발견되는 문답생략은 구성요건적 사실과 핵심적 정황에 관한 사항의 생략으로 볼 수 있다.

　③ 질문조작은 '변호인 조력권 고지', '피고인 진술의 종합' 부분에 대하여 이루어졌다(<표 9> 참고). 가령, "혹시 변호사 사셨나요?"라는 조사자의 질문이 "피의자는 변호인의 조력을 받을 권리를 행사할 것인가요."라고 조서에 기재되었다. 이는 결코 변호인 조력권의 올바른 고지가 아니다. 또한, "3천 빌리신 거 맞으시고, 원리금 안 갚으신 거 맞으시고, 또 다른 제출하실 건 없으시고, 변제 의사는 있으셨고, **변제 능력은 뭐 제가 좀 더 검토를**. 예. 그럼 오늘 조사는 이 정도로."라는 조사자의 발언이 "피의자의 진술을 종합하면, 피의자에게 변제 의사가 있었던 것은 틀림없어 보이나, 변제 능력, 즉 포장 위주로 만두 가게를 운영하여 발생하는 수입만으로는 **이 사건 차용금 3천만원을 갚을 수 있음이 불확실했던 것으로 보이는데**, 어떤가요?"라고 조서에 기재되었다.

표 9　질문조작

조서	영상
피의자는 변호인의 조력을 받을 권리를 행사할 것인가요.	아. 그리고 오늘 혼자 오셨네요. 혹시 변호사 사셨나요?
아니요.	아니요.
피의자의 진술을 종합하면, 피의자에게 변제 의사가 있었던 것은 틀림없어 보이나, 변제 능력, 즉 포장 위주로 만두 가게를 운영하여 발생하는 수입만으로는 이 사건 차용금 3천만원을 갚을 수 있음이 불확실했던 것으로 보이는데, 어떤가요?	3천 빌리신 거 맞으시고, 원리금 안 갚으신 거 맞으시고, 또 다른 제출하실 건 없으시고, 변제 의사는 있으셨고, 변제 능력은 뭐 제가 좀 더 검토를.
예.	-

　두 번째 질문조작은 <부록 9>의 피의자신문조서에서 확인되는 조서왜곡 중 가장 치명적인 것으로 볼 수 있다. 변제 능력은 조사자가 좀 더 검토해 보기로 한 것이 실제인데, 조서에는 마치 피고인이 변제 능력 없음에 대한 '미필

적 고의'를 시인한 것처럼 기재되어 있기 때문이다. 법리와 법률용어를 잘 모르는 일반인이 쉽게 간파하기 어려운 유형의 조서왜곡이다.

한편, 조사자는 "변제 능력은 뭐 제가 좀 더 검토를"이라는 발언에 이어서 "뭐 더 하실 말씀 있으실까요?"라고 질문하였고, 피고인은 "못 갚은 건 맞지만 사기는 아닙니다. 그 친구 입장은 이해하지만 이건 명백히 민사예요. 형사님께서 잘 판단해 주셨으면 좋겠습니다"라고 답변하였는데, 이 부분까지 함께 고려하면, 결코 피고인이 변제 능력 없음에 대한 '미필적 고의'를 시인한 것으로 보기 어렵다. 따라서 <부록 9>의 피의자신문조서에서 발견되는 질문조작은 구성요건적 사실과 핵심적 정황에 관한 사항의 왜곡으로 볼 수 있다.

④ 문답추가는 '고소 후 차용금을 변제하지 않았다는 점'에 대하여 이루어졌다(<표 10> 참고). 조사 전체의 내용을 종합하면, 고소 후에도 피고인이 고소인에게 차용금을 변제하지 않았을 것임을 추론할 수 있다. 따라서 이 문답추가는 전형적인 '요지정리 삽입형' 문답추가에 해당한다. 다만, 고소 후 고소인과의 대화 부분은 생략하고, 이 부분만 추가했다는 점에서 피고인에 대한 조사자의 부정적 태도(심증)를 엿볼 수 있는 대목이다.

표 10 문답추가

조서	영상
고소된 이후에 원금이든, 이자든, 또 다른 명목이든 나피해에게 지급을 한 사실이 있나요.	–
없습니다.	–

⑤ 문답전환은 '돌려막기를 했다는 부분(1곳)', '가게 매출이 많지 않다는 부분(2곳)'에서 이루어졌다(<표 11> 참고). 이 부분들은 공히 피고인의 변제 능력과 연관되는 부분인데, '돌려막기'라는 표현, '가게 매출이 차용금을 변제할 정도에 이르지 못했다'라는 진술 등은 실제로 피고인이 진술한 것이 아니라 조사자가 질문에서 사용한 것들이다. 즉, 조사자의 발언이 마치 피고인의 진술인 것처럼 조서가 작성되어 있는 것이다. 지금까지의 진단을 종합하면, 조서에 기

재된 이 진술들이 이후에 등장하는 **변제 능력 없음에 대한 '미필적 고의' 시인 진술(질문조작)**에 적지 않은 힘을 실어주었을 것임을 알 수 있다(예: 이 사람 갚을 능력도 없으면서 돈을 빌렸군).

표 11 문답전환

조서	영상
나피해로부터 빌린 돈을 갚았나요.	나피해에게 빌린 돈으로 김채권에게 빌린 돈을 갚았다. **돌려막기**. 그런데 나피해에게 빌린 돈은 못 갚았다. 그거잖아요?
갚지 못했습니다. 나피해에게 빌린 돈으로 김채권에게 빌린 돈을 갚는 방식으로 **돌려막기를 했는데**, 코로나 때문에 가게 매출이 줄고, 돈이 모자라서 갚지 못했습니다.	예예.
매출장부를 보면, 코로나 사태와 무관하게 매출이 그렇게 많지 않은 편이었는데, 어떤가요.	(매출장부 검토 후) 그 에 이게 근데 문제는 원래 매출을 봐도 <u>이게 딱 뭐 다 갚을 수 있었다 뭐 이런 정도가 아니라서</u>. 그리고 어쨌든 돈을 한푼도 안 갚은 거라서. 암튼 갚을 생각은 있었던 거다?
예. 맞습니다. 원래부터 매출이 많지 않아서 나피해로부터 <u>빌린 돈을 다 갚을 수 있는 정도는 아니었지만</u>, 갚을 생각이 없었던 것은 결코 아닙니다.	예예.
가게의 매출 중에서 순수입은 어느 정도인가요.	그리고 코로나 전에도 매출이. 이게 차 떼고 포 떼고 나면 순수입이 이게 <u>6개월을 모으더라도 이게</u>.
	아니. 그러니까 그게 돈이 가게 돈만 가지고 갚는다기보다.
20 – 25% 정도입니다. 그러니까 평균 순수입 <u>6개월치를 합산하더라도 3천만원이 되지 않는 것이 사실입니다.</u>	매출 중에 몇 프로가 남나요? 그러니까 순수입.
	20에서 25프로 정도 된다고 보시면 됩니다.

한편, 두 번째 문답전환에는 주목을 요하는 요소가 두 가지 더 있다. 하나는 '복합질문'의 문제이고, 다른 하나는 '극소화 전략'의 문제다. 먼저, 복합질문(multiple question)은 "하나 또는 둘 이상의 질문을 통해 둘 이상의 정보를 요구하는 방식의 질문"을 의미한다.[111] 따라서 "그 에 이게 근데 문제는 원래 매출을 봐도 이게 딱 뭐 다 갚을 수 있었다 뭐 이런 정도가 아니라서. 그리고 어쨌든 돈을 한푼도 안 갚은 거라서. 암튼 갚을 생각은 있었던 거다?" 부분은 복합질문에 해당한다. '다 갚을 정도가 아니었다', '한푼도 안 갚았다', '갚을 생각은 있었다'라는 세 가지 정보를 한꺼번에 제시하고, 이에 대한 인부를 묻고 있기 때문이다. 이에 대하여 피고인은 '예'가 아니라 '예예'라고 답변하였다. 생각건대, '갚을 생각은 있었다'라는 부분에 적극 호응한 것으로 보인다. 그런데 조사자는 '빌린 돈을 다 갚을 수 있는 정도는 아니었다'라는 부분을 수사결과보고서 등에 인용할 마음을 먹었던 것으로 보인다.

이와 관련하여, 법원이 "두 개 이상의 질문이 하나의 질문으로 결합된 복합질문은 동시에 두 개 이상의 쟁점에 대한 답변을 요구하고 있어 답변하는 사람이 하나의 질문에 대하여만 답변하고 나머지 질문에 대하여는 답변을 하지 않아 어떤 질문에 답변한 것인지 여부를 불분명하게 만들 수 있는 위험성이 내포되어 있다"라고 판시한 예가 있어 주목을 요한다.[112] 이 판결에서 법원은 피고인의 수사기관에서의 자백이 복합질문을 통해 이루어졌다는 사유로 무죄를 선고하였다. 따라서 조서진단을 할 때에는 복합질문의 문제를 염두에 두고 피조사자의 답변이 정확히 어떤 정보에 대한 '긍정'인지를 파악해야 한다.

다음으로, 극소화 전략(minimizing)은 공감과 동정 보이기, 심각성 축소하기, 대안적 동기 제시하기, 타인 비난하기, 엄선된 칭찬하기 등의 방법으로 피조사자의 심리적 부담과 경계심을 낮추어 자백이나 시인을 유도하는 설득추궁형 면담방법론이다.[113] 따라서 "암튼 갚을 생각은 있었던 거다?" 부분은 극소화 전략에 해당한다. 피의자신문조서에서 치명적인 질문조작과 이를 보강하는 문답전환이 확인되었고, 최종적으로 이 사건이 기소에 이르게 된 점을 고려하면,

---

111 이형근, 2021a, 127면.
112 의정부지방법원 2016. 3. 22. 선고 2014노2984 판결.
113 이형근, 2021a, 11면.

조사자가 '변제 의사 있음'을 내주고 '변제 능력 없음'을 취하기 위해 이와 같은 전략을 사용했을 것임을 어렵지 않게 짐작할 수 있다.

⑥ 끝으로, 조서왜곡에 해당하지는 않으나 조서·영상 대비표에서 확인되는 몇몇 지점들에 대해 첨언하고 내용 진단을 맺고자 한다. 첫째, <부록 9>의 진술녹취록을 보면, 조사자가 "영상녹화 해달라고 하셔서 지금 영상녹화를 하고 있어요. 저기 잘 돌아가고 있고요. 지금이 그러니까 오후 두시 구분, 이제 십분 되었네요. 어. 조사. 조사 시작할게요."라고 하면서 조사를 시작하고 있는데, 엄격히 보자면 필요한 고지를 다 한 것으로 보기 어렵다. 수사기관의 영상녹화 업무처리 지침을 보면, 영상녹화 시에 고지해야 할 사항들이 더 많기 때문이다.[114] 가령, <부록 9>의 진술녹취록에서는 영상녹화 장소, 조사 참여자(박근면)의 성명과 직급에 대한 고지가 누락되어 있다. 이와 같은 고지 미흡의 증거법적 영향이 어느 정도 일지는 모르겠으나, 그 정도와 맥락이 다양할 수 있으므로, 정확한 고지사항을 알아 둘 필요가 있을 것이다.

둘째, 조서·영상 대비표를 보면, 특정 지점에서 이루어진 문답이 다른 지점에 기재되어 있는 경우를 볼 수 있다. '[①직장주소는 아산시 대리운전로 111 아산사랑 대리운전]' 부분이 여기에 해당한다. 이와 같은 현상은 주로 후반부에 이루어진 문답이 전반부에 삽입되는 형태를 띠는데, 종종 반대의 형태를 띠기도 한다. '[⑪포장 위주로 만두 가게를 운영하여 발생하는]' 부분이 그러하다. 이와 같은 현상은 조서편집의 일종으로 조서진단에 애로를 주지만 그 자체만으로는 조서왜곡으로 보기 어렵다. 다만, 조서편집이 빈번하게 이루어진 경우라면, 처음에는 작성했으나 편집 과정에서 삭제된 부분이 없는지 잘 살펴보아

---

114 검찰청 영상녹화 업무처리 지침 제8조 제4항 검사 등은 영상녹화를 개시하면서 다음 사항을 고지 또는 확인하여야 한다. 다만, 제4호는 서면으로 고지할 수 있다. 1. 검사 및 참여자의 소속, 직위, 성명, 2. 영상녹화 사실, 3. 피조사자의 인적사항, 4. 형사소송법 제244조의3에 의한 진술거부권 등, 5. 동석한 자의 인적사항, 6. 영상녹화 전에 신문에 영향을 미칠 수 있는 강압, 회유 등을 받은 사실이 있는지 여부, 7. 영상녹화의 시작 시각과 장소.
경찰청 영상녹화 업무처리 지침 제5조 경찰관은 피의자 진술을 영상 녹화하는 경우에는 다음 각 호의 사항을 고지하여야 한다. 1. 조사실 내의 대화는 영상녹화가 되고 있다는 것, 2. 영상녹화를 시작하는 시각, 장소, 3. 조사 및 참여 경찰관 성명과 직급, 4. 형사소송법 제244조의3에 규정된 진술거부권 및 변호인의 도움을 받을 권리, 5. 조사를 중단·재개하는 경우 중단 이유와 중단 시각, 중단 후 재개하는 시각, 6. 조사 종료 및 영상녹화를 마치는 시각, 장소.

야 한다.

셋째, 조서 첫면에 "사법경찰관은 피의사건의 요지를 설명하고"라는 기재가 있으나, 실제로 피의사건의 요지 설명이 누락되는 경우가 많다. <부록 9>의 진술녹취록을 보더라도 피의사건의 요지 설명이 이루어지지 않았음을 알수 있다. 이와 같은 실무 관행은 부적법하다. 검찰사건사무규칙, 경찰수사규칙등에 위반되는 관행이기 때문이다. 특히, 피의자가 피의사건의 요지를 전혀 모르는 경우나 피의사건 내에 다수의 사실관계가 있는 경우에는 피의사건의 요지 불고지가 특신상태나 임의성 요건의 부정으로 귀결될 가능성도 있을 것으로 생각한다.

넷째, 조서 끝면에 "추가적으로 서면 의견이나 자료를 제출할 것인가요"라는 기재가 있으나, 진술녹취록에는 이와 같은 질문이 없다. 다만, 진술녹취록을 보면, "여기에는 '없습니다'라고. 여기도." 부분이 있는데, 두 번째의 '여기도' 부분에서 조사자가 "추가적으로 서면 의견이나 자료를 제출할 것인가요"라는 질문에 대한 답란을 지목하고, 피고인이 자필로 "아니요"라고 기재한 것이다. 이와 같은 현상은 조서 끝면에 있는 "이상의 진술이 사실인가요", "참고로 더할 말이 있나요" 부분에서도 빈번하게 확인된다. 피조사자가 각 질문을 눈으로 보고 자필로 답변을 기재한 것은 맞지만, 충분히 숙고할 시간이 없다는 점에서 재고를 요하는 실무 관행이라고 생각한다.

다섯째, 진술녹취록 마지막 부분에서 확인되는 "여기에는 '예'라고 쓰시고, 그 밑에 '아니요', 그 밑에 '아니요', 여기에는 '예'라고 쓰시고, 여기에는 '없습니다'라고. 여기도. 성함도 좀." 부분은 <표 12>와 같이 이해하면 된다.

표 12 조서작성 마무리 지점에 관한 설명

조사자의 발언	조서의 해당 부분
여기에는 '예'라고 쓰시고,	문 : 피의자는 위와 같은 권리들이 있음을 고지받았는가요 답 : 예、
그 밑에 '아니요',	문 : 피의자는 진술거부권을 행사할 것인가요 답 : 아니요.
그 밑에 '아니요',	문 : 피의자는 변호인의 조력을 받을 권리를 행사할 것인가요 답 : 아니요.
여기에는 '예'라고 쓰시고,	문 : 이상의 진술이 사실인가요 답 : 예.
여기에는 '없습니다'라고.	문 : 참고로 더 할 말이 있나요. 답 : 없습니다.
여기도.	문 : 추가적으로 서면 의견이나 자료를 제출할 것인가요. 답 : 아니요.
성함도 좀.	진 술 자 안 천 수 ㉑

(3) 의견서 작성

의견서 작성은 수사조서 진단 및 처방의 마지막 관문이다. 사회과학 학술지 논문에 비유하자면, 조서·영상 대비표는 결과(result)에 해당하고, 의견서는 결론(conclusion)에 해당한다. 즉, 의견서 작성은 조서진단을 통해 확보한 구슬을 꿰어 변론에 필요한 보배를 만드는 처방적 과업이다. 저자가 작성한 의견서를 <부록 11>로 수록하였으니 참고하기 바란다.

    형식적인 측면에서 의견서 작성은 법문서 작성의 일반 원리에 따라 작성하면 되나, 내용적인 측면에서 다음과 같이 몇 가지 주의를 요하는 점들이 있다. 첫째, 의견서에는 조서·영상 대비표에서 확인되는 '모든' 오류를 '연대기' 순으로 수록하기보다, 조서·영상 대비표에서 확인되는 '주요' 오류를 '쟁점' 순으로 수록하는 것이 좋다. <부록 11>을 보면, 구성요건적 사실이나 핵심적 정황에 관한 질문조작, 문답전환, 문답생략을 '주요' 오류로 하고, 변제 의사와 능력을 '쟁점'으로 하여 의견서가 작성되어 있다.

    둘째, 가능하면 의견서에는 수사조서 진단 결과 이외의 정보가 포함되어야 한다. 여기에서 수사조서 진단 결과 이외의 정보는 수사조서 진단 결과에 대한 의견을 보강하는 것이어야 한다. <부록 11>을 보면, 증 제2호증으로 박○○의 확인서, 증 제3호증으로 피고인의 통화내역이 첨부되어 있음을 알 수 있다. 의견서에서 박○○의 확인서는 다른 변제 노력에 대한 문답생략의 문제점을 보강하는 기능을 하고, 피고인의 통화내역은 피고인과 고소인 간의 대화 부분에 대한 문답생략의 문제점을 보강하는 기능을 한다.

    셋째, 최종적으로 의견서는 증거능력, 증명력 등 진술증거에 대한 증거법적 평가로 귀결되어야 한다. 수사조서 진단의 기본적 목적이 진단 결과에 상응하는 진술증거 평가이기 때문이다. <부록 11>을 보면, 수사조서 진단의 결과와 관련 판례를 종합하여, 피고인의 진술이 본증, 탄핵증거, 조사자 증언 등 그 어떠한 형태로도 증거가 되어서는 안 될 것이라는 점을 피력(처방)하고 있다. 다만, 수사조서 진단의 결과를 별도의 민·형사(예: 손해배상, 허위공문서작성) 자료로 활용하고자 하는 때에는, 이 부분을 다른 법리로 채워야 한다. 가령, 민사소송에서는 '수사기관의 객관의무 위반'을 지적하면서 손해배상 사유가 된다고 주장하거나,[115] 형사소송에서는 '생략이나 누락'도 허위공문서작성죄에 있어서의 허위에 해당한다는 주장을 할 수 있을 것으로 생각한다.[116]

---

115 대법원 2020. 4. 29. 선고 2015다224797 판결.
116 대법원 1960. 5. 18. 선고 4293형상125 판결.

3. 진술조서 진단과 처방 사례연습

1) 사례

(1) 사건 개요

① 고소인 오피해는 "2022. 3. 12. 피의자 안상사가 회사 인근 식당에서 저녁을 먹던 중 갑자기 옆자리로 옮겨 앉으면서 어깨에 손을 얹었다. 2022. 3. 21.에는 회사 사무실에서 갑자기 뒤로 다가와 양팔로 껴안았다. 앞으로도 추행이 계속될 것 같아서 고소를 하게 되었다."라는 내용의 고소장을 제출하였고, 경찰조사에서도 같은 요지의 진술을 하였다. 조사는 변호사 참여하에 이루어졌고, 영상녹화되었다. ② 피의자는 경찰조사에서 2022. 3. 12. 고소인과 회사 인근 식당에서 저녁을 먹은 사실, 2022. 3. 21. 고소인과 회사 사무실에서 함께 근무했던 사실은 있으나, 고소인의 어깨에 손을 얹거나 껴안은 사실은 없다고 진술하였다. ③ 사법경찰관은 고소인 진술에 신빙성이 있다고 판단하고 사건을 검찰에 송치하였고, 검사도 사법경찰관과 같은 판단하에 사건을 기소하였다.

(2) 연습문제

앞서 제시한 사건 개요를 참고하여, <부록 12>에 수록된 진술조서 진단용 진술조서 및 진술녹취록을 검토한 후, 피고인의 변호인 입장에서 '조서·영상 대비표' 및 '의견서'를 작성하라.

2) 풀이

(1) 형식 진단

형식 진단으로, <부록 12>의 진술조서가 적법한 절차와 방식에 따라 작성되었는지를 진단해 보면, 조서 끝면과 확인면에서 적법한 절차와 방식에 따라 작성되지 아니한 부분이 2곳 발견된다. 조서 끝면에 '진술한 대로 기재되지 아니하였는지'에 관한 문답이 없어 형사소송법 제244조 제2항 및 제3항에 위반된다는 점은 앞서 피의자신문조서 진단과 처방 사례연습에서 언급한 바와 같다. <그림 18>을 보면 조사 장소 도착시각은 14:00이고, 조사 시작시각은

14:20분이므로, 조사 장소에 도착한 시각과 조사 시작시각 간에 20분의 시간적 차이가 있다. 두 시각 간에 상당한 시간적 차이가 있으면, 수사준칙 제26조 제2항에 따라 그 이유를 확인면에 적어야 하며, 경찰수사규칙에 별지 서식으로 수록된 수사과정확인서의 경우 네 번째 란, 즉 '기타 조사과정 진행경과 확인에 필요한 사항' 란에 그 이유를 적어야 한다.

그림 18 확인면에서 발견되는 적법한 절차와 방식 위반 의심 부분

1. 조사 장소 도착시각	2022. 4. 11. <u>14:00</u>
2. 조사 시작시각 및 종료시각	☐ 시작시각 : 2022. 4. 11. <u>14:20</u> ☐ 종료시각 : 2022. 4. 11. <u>15:40</u>
4. 기타 조사과정 진행경과 확인에 필요한 사항	없음

여기에서 쟁점은 조사 장소에 도착한 시각과 조사 시작시각 간에 '20분'의 시간적 차이가 있는 것을 두 시각 간에 '상당한' 시간적 차이가 있는 경우로 볼 수 있을지 여부다. 이는 시간 차를 산술적으로 평가할 문제라기보다 조사의 전체적 맥락을 종합하여 평가할 문제라고 생각한다. 따라서 이 부분에 대한 평가는 내용 진단 이후에 해보기로 하고(확인면), 여기에서는 우선 <부록 12>의 진술조서가 형사소송법 제244조 제2항 및 제3항이 규정하는 적법한 절차와 방식에 따라 작성되지 않았다는 점만 명확히 하고 넘어 가자(끝면).

한편, 진술조서를 보면 '5분에서 10분' 부분이 '이삼분'으로 정정되어 있는데(진술조서 4면), 진술녹취록을 보면 이는 오기의 정정이 아니라 진술의 번복임을 알 수 있다. 즉, 피해자는 최초에 "5분? 10분?"이라고 진술하였고 이에 따라 조사자는 조서에 '5분에서 10분'이라고 기재하였는데, 이후 조서를 열람하는 과정에서 피해자가 아무런 설명 없이 "여기 이거는 이삼분 정도로 이렇게 고칠게요"라고 정정 요청을 하였고, 조사자가 이 요청을 수용한 것이다. 여기에서 시

간은 추행 이후 피해자가 피고인과 함께 사무실에 머물렀던 시간이므로, 사무실에서 추행이 있었을 가능성에 대한 판단과 연관되는 정보다. 따라서 이 진술조서에서 발견되는 시간 정정은 적법한 절차와 방식 위반의 문제뿐만 아니라 피해자 진술의 신빙성 평가와도 연관된다. 조서에 정정이 있는 경우 그것이 오기의 정정인지 아니면 진술의 번복인지 확인해 볼 필요가 있음을 느끼게 하는 대목이다.

(2) 내용 진단

<부록 12>의 진술조서와 진술녹취록을 비교하여, 저자가 작성한 조서·영상 대비표는 <부록 13>과 같다. 조서·영상 대비표를 보면, 실제로는 98회의 문답이 이루어졌고, 조서에는 32쌍의 문답이 기재되었음을 알 수 있다. 또한, 답변생략 2곳, 문답생략 10곳, 답변의 미묘한 조작 5곳, 문답전환 14곳 등 총 31곳에 조서왜곡이 있음을 확인할 수 있다.

① 답변생략은 '피해자가 잠깐 사무실에 들렀다', '피고인이 직원들 사이에서 신망이 높다'라는 피해자의 진술에 대하여 이루어졌다(<표 13> 참고). 먼저, 이 사건은 회사 인근 식당에서 벌어진 추행 사건이다. 따라서 사건 직후 피해자가 집으로 곧장 귀가하였는지 아니면 피고인과 함께 사무실에 들어갔는지는 식당에서 어떤 일이 있었는지를 판단하는 데 있어 중요한 정보가 된다. 다음으로, 피고인에 대한 직원들의 신망은 진술 이외에 다른 증거가 없는 이 사건에서 피고인의 추행 동기를 가늠할 자료가 된다. 따라서 <부록 12>의 진술조서에 발견되는 답변생략은 핵심적 정황 내지는 정상에 관한 사항의 생략으로 볼 수 있다.

표 13　답변생략

조서	영상
⑥그리고는 식당에서 나와 피의자는 사무실로 갔고, 저는 퇴근을 했습니다.	그분은 일이 남아서 사무실로 갔고, 저는 일이 끝나서 집으로 가야 했는데, <u>사무실에 책을 놓고 와서 잠깐 사무실 들렀다</u> 집에 갔어요.
무난한 관계였습니다.	이 사건 있기 전까지는 잘 지냈어요. 무난한 관계? <u>그분이 일도 잘 하시고 직원들 사이에서 신망도 높으신 분인데</u>, 왜 저한테 이러시는지 몰라요.

② 문답생략은 '피고인의 과거 추행 등 이력(2곳)', '추행 동기에 관한 피고인의 발언 등(3곳)', '추행 직후 피고인과 피해자의 행동(5곳)' 등에 관한 문답에 대하여 이루어졌다(<표 14> 참고).

표 14　문답생략

조서	영상
피고인의 과거 추행 이력	두 번 당하신 거 맞고, 그럼 이 두 개를 나눠서 하나씩. 먼저, 식당 꺼. 그런데 그 이전에는 이런 일이 없었나요? 아니 뭐 비슷한 거라도. 치근덕거린다거나?
	이전에는 없었어요.
추행 동기에 관한 피고인의 발언	왜 그랬는지 물어봤나요?
	그것도 뭐라고 했는데, 기억이 잘. '나쁜 뜻은 아니다' 이것만 기억나요. 사실 제가 한 번만 그랬으면 신고를 안 하려고 했기 때문에 처음 거는 크게 신경을 안 썼어요. 그래서 기억이.

추행 직후 피고인과 피해자의 행동	피의자가 그 이후에도 계속 오피해씨 옆에 앉아 있었나요?
	예. 좀 서먹하게.
	피의자에게 자리로 돌아가라고 하였나요?
	아뇨. 그냥 밥을 거의 다 먹었을 때라.
	추행 직후 곧바로 식당에서 나온 건가요?
	아뇨. 좀 더 있다가.
	그럼 식당에서 나올 때까지 피의자가 오피해씨 옆에 있었다?
	예.
	무슨 책을?
	그냥 지하철 안에서 읽는 책. 소설 책.
피고인의 과거 추행, 희롱 이력	아까 이전에는 이런 적이 없다고 하셨고. 그럼 사무실에서 다른 뭐 괴롭힘이나 또는 그 성희롱 같은.
	없었어요.
추행 동기에 관한 피고인의 발언 등	뭐라고 하던가요?
	사실은 저를 좋아한다고 했어요.
	그래서요?
	뭐. 그건 아닌 것 같다. 그렇게 말씀드렸죠.

먼저, 조서·영상 대비표를 보면, 피해자는 피고인이 과거 추행뿐만 아니라 치근덕거림, 성희롱, 직장 내 괴롭힘 등의 행동도 한 적이 없다고 진술하였다. 이는 피고인의 추행 동기를 가늠할 중요한 자료인데, 조사자는 피해자의 진술 중 이 부분을 조서에 기재하지 않았다. 다음으로, 피해자는 피고인이 '나쁜 뜻은 아니다', '사실은 피해자를 좋아한다'라는 발언을 했다고 진술하였다. 피고인과 피해자 간에 어떤 신체적 접촉이 있었던 경우라면, 이는 그 행위의 의미를 파악하는 데 필요한 자료다. 그런데 조사자는 이 부분도 조서에 기재하지 않았다.

특히, 조사자는 추행 직후 피고인과 피해자의 행동에 관한 다수의 문답을 조서에 기재하지 않았는데, 이 부분은 식당에서 어떤 일이 있었는지를 판단하는 데 있어 매우 중요한 정보가 된다. 가령, 추행 이후에도 피고인과 피해자가 나란히 앉아 있었다는 사실, 추행 직후 피해자가 업무 때문이 아니라 소설책 때문에 다시 사무실로 들어갔다는 사실 등은 식당에서 추행이 있었을 가능성을 낮추어주는 요소임에 틀림없다. 요컨대, <부록 12>의 진술조서에서 발견되는 문답생략은 핵심적 정황 내지는 정상에 관한 사항의 생략으로 볼 수 있다.

③ 답변의 미묘한 조작은 '밥을 같이 먹자는 피고인의 권유', '다른 직원들의 부재 사유', '사무실 문의 개폐 여부', '피고인의 추행 이유에 대한 피해자의 생각', '피해자의 퇴사 이유' 등에 관한 문답에 대하여 이루어졌다.

표 15 답변의 미묘한 조작

조서	영상
토요일에 일을 한 거라서 저는 집에 간다고 했는데 굳이 피의자가 같이 밥을 먹자고 **하였습니다**.	오피해씨는 집에 간다고 했는데 굳이 피의자가 밥을 먹자고 했다?
	그건 아니지만 뭐 그 비슷한.
퇴근 후라 아무도 없었습니다.	다른 사람들은요?
	다들 **퇴근하거나 저녁 먹으러.**
잠그지는 않았지만 닫혀 **있었습니다**.	아니. 잠그는 거 말고 닫는 거.
	아. 닫는 거. 글쎄요. 보통은 닫아 놓으니까 **닫혀 있지 않았을까요?**
(피의자가 진술인을 추행한 동기가 뭐라고 생각하나요.) **모르겠습니다**.	그럼 오피해씨가 무고할 동기는 없는 거고. 암튼 추정이지만 아무래도 피의자가 오피해씨를 **좋아하는 마음에 그랬을 수 있겠네요.** 말씀을 들어보니까.
	아마도.
(이 사건 때문에 퇴사를 한 것인가요.) **예**.	이 사건 때문에 퇴사를 한 건가요?
	좀 복합적인데, 이 사건 때문도 있겠죠.

첫째, 조서에는 피고인이 피해자에게 밥을 먹자고 강권한 것처럼 기재되어 있으나 실제로 피해자는 '그건 아니지만 뭐 그 비슷한'이라고 진술하였다. 이

부분은 추행의 발단이 된 식당 행의 경위에 관한 것으로 중요한 정황이다. 둘째, 조서에는 다른 직원들이 모두 퇴근한 것처럼 기재되어 있으나 실제로 피해자는 '저녁 먹으러' 간 직원도 있었다고 진술하였다. 셋째, 조서에는 사무실 문이 닫혀 있었음이 확실한 것처럼 기재되어 있으나 실제로 피해자는 '닫혀 있지 않았을까요?'라고 진술하였다. 다른 직원들이 잠시 외출한 사실, 사무실 문이 열려 있었을 가능성 등은 공히 사무실에서 추행이 있었을 가능성을 낮추어주는 요소다.

넷째, 조서에는 추행의 동기를 전혀 알 수 없는 것처럼 기재되어 있으나 실제로 피해자는 피고인이 '피해자를 좋아하는 마음에 그랬을 수도 있다'라는 점을 긍정하였다. 피고인과 피해자 간에 어떤 신체적 접촉이 있었던 경우라면, 이는 그 행위의 의미를 파악하는 데 필요한 자료다. 다섯째, 조서에는 피해자가 단지 이 사건 때문에 퇴사한 것처럼 기재되어 있으나 실제로 피해자는 '복합적이다'라고 진술하였다. 이는 사건 후의 정황 내지는 정상에 관한 사항이다. 요컨대, <부록 12>의 진술조서에서 발견되는 답변의 미묘한 조작은 핵심적 정황 내지는 정상에 관한 사항의 왜곡으로 볼 수 있다.

④ 문답전환은 '피고인의 추행', '피해자의 저항', '즉시 고소하지 않은 이유' 등에 관한 문답에서 이루어졌다(<표 16> 참고). 가령, 조사자가 '<u>고소장을 보면</u>'이라는 발언을 하면서 고소장에 기재된 내용을 피해자에게 읽어주고 피해자는 단지 이를 긍정한 부분이 다수 발견된다. 그런데 조서에는 이 부분이 모두 피해자가 스스로 진술한 것처럼 기재되어 있다. 또한, **변호사의 발언이 마치 피해자의 진술인 것처럼** 조서에 기재된 부분도 발견된다. 이 부분은 <부록 12>의 진술조서에서 확인되는 조서왜곡 중 가장 치명적인 부분이다.

표 16 문답전환

조서	영상
피의자가 어떻게 진술인의 옆으로 왔나요.	<u>자 이제 고소장을 보면</u>, 서로 마주 앉아서 밥을 먹다가 피의자가 오피해씨 쪽으로 옮겨 앉았다 이렇게 되어 있어요. 그럼 자리에서 일어나서 테이블을 돌아서 오피해씨 옆으로 온 거네요.
자리에서 일어나서 테이블을 돌아 제 옆으로 왔습니다.	예.
계속 말해보세요.	<u>고소장을 보면</u> 피의자가 오른 손으로 오피해씨 오른쪽 어깨에 손을 얹었다 이렇게 되어 있어요. 그럼 이게 어깨동무 하는 것처럼 이렇게 목 뒤로 팔을 돌려서 손을 어깨를 만지는 뭐 그런 동작이었나요?
제 옆으로 와서 저의 동의도 없이 피의자의 오른 손으로 저의 오른쪽 어깨를 이렇게 어깨동무 하는 것처럼 팔을 저의 목 뒤로 돌려서 만지는 동작이었습니다.	예.
(생략)	<u>고소장을 보면</u>, 오피해씨가 몸을 돌려서 손을 떼려고 했다고 되어 있는데, 맞나요?
몸을 돌려 피의자의 손을 떼려고 하였습니다.	아. 맞아요. 몸도 돌리고.
2022. 3. 21. 회사 사무실서 있었던 추행에 대해 자세히 진술해보세요.	예. 인쇄업. 고소장을 보면, 2022년 3월 21일 18시 20분경 회사 사무실에서 일을 하고 있는 피해자에게 갑자기 피의자가 다가와 양팔로 피해자를 껴안았다. 이로써 피의자가 피해자를 강제추행하였다. 이렇게 되어 있는데, 맞죠?
2022. 3. 21. 18:20경 회사 사무실에서 피의자가 일을 하고 있던 제 뒤로 가다와서 갑자가 양 팔로 저를 껴안는 방법으로 저를 추행하였습니다.	예예.
(생략)	뒤에서 껴안는 사람의 팔을 어떻게 뿌리쳤다는 건가요?
저의 양 팔꿈치를 이렇게 들어 올리면서 동시에 일어나며 몸을 돌리는 방법으로 피의자의 팔을 풀려고 하였습니다.	<u>(변호사) 아. 그건 이렇게 양 팔꿈치를 들어 올리면서 몸을 비틀어서 팔이 풀리도록 했다 뭐 이런 의미예요. 저는 그렇게 이해를.</u>

당시 피의자의 완력이 어느 정도였나요.	예예. 맞아요. 저도 알아요. 그럼 뭐 이 경우는 양 팔꿈치를 들어 올리는 것만으로는 팔이 풀리지 않고, 몸도 함께 비틀어야 팔이 풀릴 정도의 완력이 있었다. 뭐 이렇게 정리하면 되겠네요?
반항이 완전히 불가능할 정도는 아니었지만 양 팔꿈치를 들어 올리는 것만으로는 팔이 풀리지 않고, 몸도 함께 비틀어야 팔이 풀릴 정도의 상당한 완력이었습니다.	예예.
곧바로 퇴근하지 않은 이유가 무엇인가요.	사무실이니까 다시 그러지는 않을 거라고 생각했다? 또 밥 먹으러 간 직원들이 돌아올 수도 있고?
다른 직원들이 다시 사무실에 올 수도 있는 상황이었으므로 피의자가 더 이상 추행을 할 것으로 생각하지는 않았습니다.	예예.
처음 추행을 당했을 때 즉시 고소하지 않은 이유가 무엇인가요.	그럼 첫 번째 추행은 그냥 넘어가려고 했는데, 두 번째 또 추행을 해서 고소를 하게 되었다는 말인가요? 앞으로 또 그러지 말라는 보장도 없고?
처음엔 그냥 넘어 가려고 했는데, 추가로 추행을 하므로, 앞으로도 지속될 우려가 있어서 고소하였습니다. 또한, 다시 생각해보니 성적수치심도 들었고, 상사인 피의자가 저에게 인사상 불이익을 주지 않을까 우려도 되어서 이렇게 고소를 하게 되었습니다.	예. (변호사) 생각해 보니 성적추치심도 들고. 인사상 불이익도 겁나고.
(생략)	아마. 확 이렇게 양팔꿈치를 펴면서 동시에 일어나면서 몸을 돌렸으니까 팔이 풀렸겠지. 남자 팔이.
저의 양 팔꿈치를 이렇게 들어 올리면서 동시에 일어나며 몸을 돌리는 방법으로 피의자의 팔을 풀려고 하였습니다.	그랬던 듯.

　<표 16>을 보면, 식당에서 피고인이 피해자의 옆으로 간 경위, 피고인이 어깨동무를 하는 형태로 어깨에 손을 얹은 세부 경위, 피해자가 몸돌리기·팔꿈치들기·일어나기 등으로 저항한 경위, 피고인이 사용한 완력의 정도, 피해자

가 곧바로 퇴근하지 않은 이유, 즉시 고소하지 않은 이유 등 구성요건적 사실과 핵심적 정황에 관한 진술이 모두 조사자에 의해 이루어졌고, 피해자는 단지 이를 긍정하였음을 알 수 있다. 또한, 피해자가 팔꿈치들기 방법으로 저항했다는 진술은 변호사에 의해 이루어졌고, 성적수치심과 인사상 불이익에 대한 우려 때문에 뒤늦게 고소하게 되었다는 진술도 변호사에 의해 이루어졌다. 요컨대, <부록 12>의 진술조서에 발견되는 문답전환은 구성요건적 사실과 핵심적 정황에 관한 사항의 왜곡으로 볼 수 있다.

법원은 검사가 피해자에게 경찰 진술조서 등을 보여준 다음 피해사실을 진술하게 하는 등 경찰 진술조서와의 일관성을 유지하기 위해 유도질문 및 조서왜곡을 한 사안에서 피고인에게 무죄를 선고한 바 있다.[117] <부록 12>의 피해자조사 사례에서 조사자는 피해자에게 수차례 고소장 내용을 읽어주고 이에 대하여 단지 피해자의 확인만 받았으면서 마치 피해자 스스로 이 내용들을 진술한 것처럼 조서를 작성하였다는 점에서 두 사례는 매우 유사하다. 생각건대, 이와 같은 조서왜곡은 적법한 절차와 방식, 실질적 진정성립, 특신상태, 임의성 등 거의 모든 증거능력 인정요건을 부정할 사유가 될 뿐만 아니라, 가사 증거능력을 인정하는 경우에도 그 증명력을 현저히 감쇄하는 사유가 될 것이다.

⑤ 한편, <부록 12>의 진술녹취록에는 사전면담이 있었음을 시사하는 대목이 있다. "그리고 아까 식당 안, 그러니까 그쪽을 비추는 CCTV는 없다고 하셨고" 부분이 그 대목이다. 진술녹취록을 보면 이 지점 이전에서 피해자가 이와 같은 진술을 한 사실이 없으므로, 이는 영상녹화가 시작되기 전에 이루어진 진술일 가능성이 높다. 앞서 형식 진단에서 조사 장소에 도착한 시각과 조사 시작시각 간에 '20분'의 시간적 차이가 있었는데, 이를 두 시각 간에 '상당한' 시간적 차이가 있는 경우로 볼 수 있을지는 조사의 전체적 맥락을 종합하여 평가할 문제라고 한 바 있다. 내용 진단과 형식 진단을 종합하면, 식당 안을 비추는 CCTV가 없었다는 진술은 조사 시작 전 20분 동안 이루어졌을 가능성이 높고, 이때 범죄사실이나 정황에 관한 대화가 이루어졌을 가능성도 배제할 수 없기 때문에, 이 조사의 적법성과 특신성은 그만큼 낮아질 것으로 생각한다.

---

117 광주고등법원 2021. 6. 24. 선고 2020노423 판결.

(3) 의견서 작성

의견서 작성에 관한 개론적 설명은 피의자신문조서 진단과 처방 사례연습 부분을 참고하기 바라고, 진술조서에 대하여 저자가 작성한 의견서를 <부록 14>로 수록하였으니 참고하기 바라며, 다음과 같이 몇 가지 첨언을 하고 의견서 작성에 관한 설명을 맺고자 한다.

먼저, <부록 14>의 의견서는 피해자 조사 과정에서 이루어진 조사자와 변호인의 개입을 집중적으로 지적하여, 피해자 진술의 증거능력과 증명력을 탄핵하고 있다는 점에 특징이 있다. 이는 진술조서에 대한 탄핵임과 동시에 공판정에서 이루어지는 피해자 진술에 대한 탄핵의 의미를 갖는다. 다소 조심스러운 논지이나, 피해자가 수사 단계에서 조사자와 변호사로부터 이와 같이 이례적인 조력을 받으면서 수차례 진술의 내용과 방법을 학습하였다면, 법정에서 이루어진 피해자 진술의 신빙성은 그만큼 더 엄격하게 평가되어야 할 것이기 때문이다.

다음으로, <부록 14>의 의견서에는 증 제2호증으로 김○○의 확인서가 첨부되어 있는데, 이는 다른 직원들이 잠시 외출한 사실, 사무실 문이 열려 있었을 가능성 등을 지적하여 사무실에서 추행이 있었을 가능성이 낮음을 피력하기 위한 것이다.

끝으로, <부록 14>의 의견서는 진술조서의 증거능력과 더불어 증명력을 탄핵하고 있는데, 이는 진술조서의 증거능력이 부정되더라도 피해자가 진술조서와 동일한 내용의 진술을 법정에서 하게 되면, 그 진술은 곧바로 증거능력 평가의 관문을 넘어 증명력 평가의 관문으로 나아가기 때문이다. 따라서 일련의 진술과 그 기록을 정밀하게 분석하여, 수사 과정에서 수차례 진술 학습이 있었던 점, 그럼에도 불구하고 진술에 불합리성과 비일관성이 있다는 점 등을 유기적으로 설명해야 한다. 또한, 재판의 후반부에서는 이와 같은 점들을 종합하여, 절차적·내용적으로 문제가 많은 피해자의 진술만으로 피고인에게 유죄를 선고하는 것은 자유심증주의에 대한 대표적 제약 요인인 경험칙에 반한다는 점을 적극 설명해야 한다.

참고문헌

대검찰청, 2021 범죄분석, 대검찰청, 2021.

법원행정처, 법원실무제요 형사(Ⅰ), 법원행정처, 2014.

법원행정처, 법원실무제요 형사(Ⅱ), 법원행정처, 2014.

법원행정처, 사법연감, 법원행정처, 2021.

신동운, 신형사소송법(제5판), 법문사, 2014.

이재상·조균석·이창온, 형사소송법(13판), 박영사, 2021.

이상훈·정성민·백광균, 수사기관 작성 조서의 증거 사용에 관한 연구: 2020년 개정 형사소송법에 따른 실무 변화 모색, 사법정책연구원, 2021.

이진수, 형사소송법상 '성립의 진정'에 관한 연혁적 고찰과 그 함의, 비교형사법연구 제20권 제1호, 2018, 119-145.

이형근, 영상녹화물에 의한 특신상태 증명: 대법원 2014. 8. 26. 선고 2011도6035 판결의 해석을 중심으로, 형사정책연구 제30권 제4호, 2019.

이형근, 개정 형사소송법 하에서 실질적 진정성립 및 특신상태 요소의 증거법적 기능에 관한 전망, 형사정책연구 제31권 제3호, 2020a.

이형근, 변호인의 신문참여에 관한 하위 법령·규칙 비교연구, 법조 제69권 제3호, 2020b.

이형근, 제정 수사준칙상 피의자신문 이전 절차에 관한 고찰: 출석요구, 변호인의 신문참여, 사전신문 문제를 중심으로, 형사정책연구 제31권 제3호, 2020c.

이형근, 법심리학적 면담방법론, 박영사, 2021a.

이형근, 피의자 신문의 이론과 실제, 경인문화사, 2021b.

이형근·백윤석, 피의자신문조서의 왜곡에 대한 증거법적 평가방향: 왜곡에 대한 일반인과 변호사의 인식 비교연구, 경찰학연구 제19권 제4호, 2019.

이형근·조은경, 피의자신문조서의 왜곡 유형과 정도에 관한 연구: 조서와 영상녹화물의 비교를 통한 사례연구, 경찰학연구 제14권 제2호, 2014.

이형근·조은경·이미선, 피의자와 변호인의 조서정정 수행 비교연구, 한국심리학회지: 사회및성격 제35권 제1호, 2021.

조 국, 검사작성 피의자신문조서와 영상녹화물의 증거능력, 저스티스 통권 제107호, 2008.

최병천, 특신상태에 관한 비판적 고찰, 경북대학교 법학논고 제66집, 2019.

APPENDIX

부 록

| | 부록 1 | 대검찰청 영상녹화 업무처리 지침상 영상녹화 대상사건 |

	주요내용	비고
원 칙 (제3조)	① 공소사실 입증에의 필요성 + 진술번복 가능성 또는 진정성, 임의성, 특신상태의 다툼 가능성 = 조서·영상 병행 ② 다른 증거에 의한 공소사실 입증 가능 또는 불기소 사건 = 영상녹화 단독	실시한다 할 수 있다
필요대상 (제4조①)	1. 진술 외의 증거 없고 법정에서 진술번복 예상되는 사건 2. 진술보호가 필요한 조직범죄 사건의 참고인을 조사하는 경우 3. 성폭력사건의 피해자를 조사하는 경우 4. 글을 읽거나 쓰거나, 앞을 보지 못하는 사람의 조사 5. 직수사건의 피의자, 수용중 또는 피의자로 전환될 가능성 있는 참고인 6. 통역이 필요하거나 영주 체류자격이 없는 외국인을 조사하는 경우	하여야 한다
제외대상 (제4조②)	대상자가 영상녹화조사를 거부하거나 영상녹화를 이유로 진술을 거부하는 경우	아니할 수 있다
권장대상 (제5조)	1. 구공판 사건 중 조사가 필요한 자백사건 2. 진술 번복이 예상되는 사건 3. 사회적 이목이 집중된 사건 4. 진술인의 수사태도 등을 법정에 현출시킬 필요 있는 사건 5. 삭제 6. 사건관계인이 영상녹화조사를 요청한 사건 7. 조사과정의 적법절차나 인권침해 시비 차단이 필요한 사건 8. 기소중지 처분이 예상되는 공범이 있는 사건 9. 공범 간의 공모관계 등에 대한 진술확보가 필요한 사건 10. 항고나 재정신청이 예상되는 사건	원칙으로 한다 다만, 아니할 수 있다

주. 출처: 2022. 3. 16. 일부개정 [시행 2022. 3. 16.] 대검찰청예규 제1268호 '영상녹화 업무처리 지침' 제3조, 제4조, 제5조.

경찰청 영상녹화 업무처리 지침상 영상녹화 대상사건

제3조	주요내용	비고
임의(제1항)	피의자의 조서를 작성하는 때	할 수 있다
원칙(제3항)	1. 체포·구속된 피의자신문(다만, 경미범죄의 현행범인으로 불구속 수사하거나, 즉시 석방하는 경우에는 생략 가능) 2. 살인, 성폭력, 증수뢰, 선거범죄, 강도, 마약, 피해액 5억원 이상의 사기·횡령·배임 등 중요범죄의 피의자신문 3. 피의자가 영상녹화를 요청한 경우	하여야 한다
제외(제4항)	1. 기계고장, 시설부족, 정전 등의 사유로 영상녹화가 불가능한 경우 2. 영상녹화를 하면 피의자가 진술을 거부하겠다는 의사표시를 한 경우로 부득이 영상녹화하지 않은 상태에서 조사하는 것이 필요한 경우 3. 기타 영상녹화 피의자 조사가 심히 곤란한 경우	않을 수 있다
적극(제5항)	인권침해 시비가 예상되는 사건	하여야 한다

주. 출처: 2022. 6. 14. 경찰청 수사심사정책담당관-1813 '영상녹화 업무처리 지침' 제3조.

■ 검찰사건사무규칙 [별지 제38호서식]   (제1쪽)

피 의 자 신 문 조 서

성   명 :

주민등록번호 :

위의 사람에 대한   피의사건에 관하여   검찰청

호 검사실에서 검사   는(은) 검찰주사(보)   를(을) 참여하게 한 후,

아래와 같이 피의자임에 틀림없음을 확인하다.

문   피의자의 성명, 주민등록번호, 직업, 주거, 등록기준지 등을 말하시오.

답   성명은

        주민등록번호는

        직업은

        주거는

        등록기준지는

        직장 주소는

        연락처는

        자택 전화 :   휴대 전화 :

        직장 전화 :   전자우편(e-mail) :

입니다.

    검사는 피의사실의 요지를 설명하고 검사의 신문에 대하여 「형사소송법」 제

244조의3에 따라 진술을 거부할 수 있는 권리 및 변호인의 참여 등 조력을 받을

권리가 있음을 피의자에게 알려주고 이를 행사할 것인지 그 의사를 확인하다.

진술거부권 및 변호인 조력권 고지 등 확인

1. 귀하는 일체의 진술을 하지 아니하거나 개개의 질문에 대하여 진술을 하지 아니할 수 있습니다.
2. 귀하가 진술을 하지 아니하더라도 불이익을 받지 아니합니다.
3. 귀하가 진술을 거부할 권리를 포기하고 행한 진술은 법정에서 유죄의 증거로 사용될 수 있습니다.
4. 귀하가 신문을 받을 때에는 변호인을 참여하게 하는 등 변호인의 조력을 받을 수 있습니다.

문   피의자는 위와 같은 권리들이 있음을 고지받았는가요?
답

문   피의자는 진술거부권을 행사할 것인가요?
답

문   피의자는 변호인의 조력을 받을 권리를 행사할 것인가요?
답

이에 검사는 피의사실에 관하여 다음과 같이 피의자를 신문하다.
문
답

문   조서에 진술한 대로 기재되지 아니하였거나 사실과 다른 부분이 있는가요?
답   (자필기재)

210㎜×297㎜[일반용지 60g/㎡(재활용품)]

■ 검찰사건사무규칙 [별지 제40호서식]

진 술 조 서

성   명 :

주민등록번호 :

직   업 :

주   거 :

등 록 기 준 지 :

직 장 주 소 :

연 락 처 :　(자택 전화)　　　　　　　　(휴대 전화)

　　　　　　　(직장 전화)　　　　　　　(전자우편)

　　위의 사람은 피의자　　　에 대한　　　피의사건에 관하여　　　.　　.　　.

　　검찰청　　　호 검사실에 임의 출석하여 다음과 같이 진술하다.

1. 피의자와의 관계

　　　　저는 피의자　　　과(와)　　　　　　　　　인 관계에 있습니다.

　　　　/ 저는 피의자　　　과(와) 아무런 관계가 없습니다.

1. 피의사실과의 관계

　　　　저는 피의사실과 관련하여 (피해자, 목격자, 참고인)의 자격으로서

출석하였습니다.

이 때 검사는 진술자　　　를(을) 상대로 다음과 같이 조사하다.

문

답

문　　조서에 진술한 대로 기재되지 아니하였거나 사실과 다른 부분이 있는가요

답　　(자필기재)

210㎜×297㎜[일반용지 60g/㎡(재활용품)]

■ 검찰사건사무규칙 [별지 제44호서식]

수사 과정 확인서(조서를 작성하는 경우)

구 분	내 용
1. 조사 장소 및 도착 시각	
2. 조사 시작 시각 및 종료 시각	☐ 시작 시각 : ☐ 종료 시각 :
3. 조서 열람 시작 시각 및 종료 시각	☐ 시작 시각 : ☐ 종료 시각 :
4. 조사 대상자가 조사장소에 도착한 시각과 조사를 시작한 시각에 상당한 시간적 차이가 있는 경우에는 그 이유	
5. 조사가 중단되었다가 재개된 경우에는 그 이유와 중단 시각 및 재개 시각	☐ 중단 시각 : ☐ 재개 시각 : ☐ 이유:
6. 조사과정 기재사항에 대한 이의제기나 의견진술 여부 및 그 내용	

년   월   일

검사   는(은)   를(을) 조사한 후, 위와 같은 사항에 대해   로(으로)부터 확인받음.

확인자 :   ㉑

검 사 :   ㉑

210㎜×297㎜[백상지(80 g /㎡)]

■ 경찰수사규칙 [별지 제27호서식]

피 의 자 신 문 조 서

> 피 의 자 : 피의자 성명
>
> 위의 사람에 대한 죄명 피의사건에 관하여 0000.00.00. 조사장소에서 사법
> 경찰관/리 계급 000은 사법경찰관/리 계급 성명을 참여하게 하고, 아래와
> 같이 피의자임에 틀림없음을 확인한다.

문 : 피의자의 성명, 주민등록번호, 직업, 주거, 등록기준지 등을 말하십시오.

답 : 성명은

　　주민등록번호는

　　직업은

　　주거는

　　등록기준지는

　　직장주소는

　　연락처는 자택전화　　휴대전화
　　　　　　　직장전화　　전자우편(e-mail)

　　입니다.

사법경찰관은 피의사건의 요지를 설명하고 사법경찰관의 신문에 대하여 「형사
소송법」 제244조의3에 따라 진술을 거부할 수 있는 권리 및 변호인의 참여
등 조력을 받을 권리가 있음을 피의자에게 알려주고 이를 행사할 것인지 그
의사를 확인한다.

210㎜ × 297㎜(백상지 80g/㎡)

진술거부권 및 변호인 조력권 고지 등 확인

1. 귀하는 일체의 진술을 하지 아니하거나 개개의 질문에 대하여 진술을 하지 아니할 수 있습니다.

1. 귀하가 진술을 하지 아니하더라도 불이익을 받지 아니합니다.

1. 귀하가 진술을 거부할 권리를 포기하고 행한 진술은 법정에서 유죄의 증거로 사용될 수 있습니다.

1. 귀하가 신문을 받을 때에는 변호인을 참여하게 하는 등 변호인의 조력을 받을 수 있습니다.

문 : 피의자는 위와 같은 권리들이 있음을 고지받았는가요
답 :
문 : 피의자는 진술거부권을 행사할 것인가요
답 :
문 : 피의자는 변호인의 조력을 받을 권리를 행사할 것인가요
답 :

이에 사법경찰관은 피의사실에 관하여 다음과 같이 피의자를 신문하다.

210㎜ × 297㎜(백상지 80g/㎡)

위의 조서를 진술자에게 열람하게 하였던 바(읽어준 바) 진술한 대로 오기나 증감·변경할 것이 없다고 말하므로 간인한 후 서명(기명날인)하게 하다.

진 술 자   ㉑

0000.00.00.

사법경찰관/리   직위   성명   ㉑

사법경찰관/리   직위   성명   ㉑

210㎜ × 297㎜(백상지 80g/㎡)

진 술 조 서

```
성      명 :

주민등록번호 :

직      업 :

주      거 :

등록기준지 :

직 장 주 소 :

연  락  처 : 자택전화              휴대전화
             직장전화              전자우편(e-mail)
```

위의 사람은 피의자성명에 대한 죄명 피의사건에 관하여 0000.00.00. 소속관서명 + 부서명에 임의 출석하여 다음과 같이 진술하다.

1. 피의자와의 관계
   저는   와 ○○○ 관계에 있습니다.

1. 피의사실과의 관계
   저는 피의사실과 관련하여 ○○○ 자격으로서 출석하였습니다.

이 때 진술의 취지를 더욱 명백히 하기 위하여 다음과 같이 임의로 문답하다.

210㎜ × 297㎜(백상지 80g/㎡)

위의 조서를 진술자에게 열람하게 하였던 바 진술한 대로 오기나
증감·변경할 것이 없다고 말하므로 서명(기명날인)하게 하다.

진 술 자

0000.00.00.

사법경찰관/리 계급

210㎜ × 297㎜(백상지 80g/㎡)

수사 과정 확인서

구 분	내 용
1. 조사 장소 도착시각	
2. 조사 시작시각 및 종료시각	□ 시작시각 : □ 종료시각 :
3. 조서열람 시작시각 및 종료시각	□ 시작시각 : □ 종료시각 :
4. 기타 조사과정 진행경과 확인에 필요한 사항	
5. 조사과정 기재사항에 대한 이의제기나 의견진술 여부 및 그 내용	

0000.00.00.

사법경찰관/리 직위 성명는 조사대상자성명를 조사한 후, 위와 같은 사항에 대해 조사대상자 000로부터 확인받음

확 인 자 : 조사대상자 000 ㉛

사법경찰관/리 : 직위 성명 ㉖

210㎜ × 297㎜(백상지 80g/㎡)

적법한 절차와 방식에 따라 작성되었는지의 진단에 관한 법령

〈형사소송법〉

제57조(공무원의 서류) ①공무원이 작성하는 서류에는 법률에 다른 규정이 없는 때에는 작성 연월일과 소속공무소를 기재하고 기명날인 또는 서명하여야 한다.

②서류에는 간인하거나 이에 준하는 조치를 하여야 한다.

제59조(비공무원의 서류) 공무원 아닌 자가 작성하는 서류에는 연월일을 기재하고 기명날인 또는 서명하여야 한다. 인장이 없으면 지장으로 한다.

제242조(피의자신문사항) 검사 또는 사법경찰관은 피의자에 대하여 범죄사실과 정상에 관한 필요사항을 신문하여야 하며 그 이익되는 사실을 진술할 기회를 주어야 한다.

제243조(피의자신문과 참여자) 검사가 피의자를 신문함에는 검찰청수사관 또는 서기관이나 서기를 참여하게 하여야 하고 사법경찰관이 피의자를 신문함에는 사법경찰관리를 참여하게 하여야 한다.

제244조(피의자신문조서의 작성) ①피의자의 진술은 조서에 기재하여야 한다.

②제1항의 조서는 피의자에게 열람하게 하거나 읽어 들려주어야 하며, 진술한 대로 기재되지 아니하였거나 사실과 다른 부분의 유무를 물어 피의자가 증감 또는 변경의 청구 등 이의를 제기하거나 의견을 진술한 때에는 이를 조서에 추가로 기재하여야 한다. 이 경우 피의자가 이의를 제기하였던 부분은 읽을 수 있도록 남겨두어야 한다.

③피의자가 조서에 대하여 이의나 의견이 없음을 진술한 때에는 피의자로 하여금 그 취지를 자필로 기재하게 하고 조서에 간인한 후 기명날인 또는 서명하게 한다.

제244조의3(진술거부권 등의 고지) ①검사 또는 사법경찰관은 피의자를 신문하기 전에 다음 각 호의 사항을 알려주어야 한다.

1. 일체의 진술을 하지 아니하거나 개개의 질문에 대하여 진술을 하지 아니

할 수 있다는 것

2. 진술을 하지 아니하더라도 불이익을 받지 아니한다는 것

3. 진술을 거부할 권리를 포기하고 행한 진술은 법정에서 유죄의 증거로 사용될 수 있다는 것

4. 신문을 받을 때에는 변호인을 참여하게 하는 등 변호인의 조력을 받을 수 있다는 것

②검사 또는 사법경찰관은 제1항에 따라 알려 준 때에는 피의자가 진술을 거부할 권리와 변호인의 조력을 받을 권리를 행사할 것인지의 여부를 질문하고, 이에 대한 피의자의 답변을 조서에 기재하여야 한다. 이 경우 피의자의 답변은 피의자로 하여금 자필로 기재하게 하거나 검사 또는 사법경찰관이 피의자의 답변을 기재한 부분에 기명날인 또는 서명하게 하여야 한다.

제244조의4(수사과정의 기록) ①검사 또는 사법경찰관은 피의자가 조사장소에 도착한 시각, 조사를 시작하고 마친 시각, 그 밖에 조사과정의 진행경과를 확인하기 위하여 필요한 사항을 피의자신문조서에 기록하거나 별도의 서면에 기록한 후 수사기록에 편철하여야 한다.

②제244조제2항 및 제3항은 제1항의 조서 또는 서면에 관하여 준용한다.

③제1항 및 제2항은 피의자가 아닌 자를 조사하는 경우에 준용한다.

제312조(검사 또는 사법경찰관의 조서 등) ①검사가 작성한 피의자신문조서는 적법한 절차와 방식에 따라 작성된 것으로서 공판준비, 공판기일에 그 피의자였던 피고인 또는 변호인이 그 내용을 인정할 때에 한정하여 증거로 할 수 있다.

②삭제

③검사 이외의 수사기관이 작성한 피의자신문조서는 적법한 절차와 방식에 따라 작성된 것으로서 공판준비 또는 공판기일에 그 피의자였던 피고인 또는 변호인이 그 내용을 인정할 때에 한하여 증거로 할 수 있다.

④검사 또는 사법경찰관이 피고인이 아닌 자의 진술을 기재한 조서는 적법한 절차와 방식에 따라 작성된 것으로서 그 조서가 검사 또는 사법경찰관 앞에서 진술한 내용과 동일하게 기재되어 있음이 원진술자의 공판준비 또는 공판기일에서의 진술이나 영상녹화물 또는 그 밖의 객관적인 방법에 의하여

증명되고, 피고인 또는 변호인이 공판준비 또는 공판기일에 그 기재 내용에 관하여 원진술자를 신문할 수 있었던 때에는 증거로 할 수 있다. 다만, 그 조서에 기재된 진술이 특히 신빙할 수 있는 상태하에서 행하여졌음이 증명된 때에 한한다.

⑤제1항부터 제4항까지의 규정은 피고인 또는 피고인이 아닌 자가 수사과정에서 작성한 진술서에 관하여 준용한다.

⑥검사 또는 사법경찰관이 검증의 결과를 기재한 조서는 적법한 절차와 방식에 따라 작성된 것으로서 공판준비 또는 공판기일에서의 작성자의 진술에 따라 그 성립의 진정함이 증명된 때에는 증거로 할 수 있다.

제316조(전문의 진술) ①피고인이 아닌 자(공소제기 전에 피고인을 피의자로 조사하였거나 그 조사에 참여하였던 자를 포함한다. 이하 이 조에서 같다)의 공판준비 또는 공판기일에서의 진술이 피고인의 진술을 그 내용으로 하는 것인 때에는 그 진술이 특히 신빙할 수 있는 상태하에서 행하여졌음이 증명된 때에 한하여 이를 증거로 할 수 있다.

②피고인 아닌 자의 공판준비 또는 공판기일에서의 진술이 피고인 아닌 타인의 진술을 그 내용으로 하는 것인 때에는 원진술자가 사망, 질병, 외국거주, 소재불명 그 밖에 이에 준하는 사유로 인하여 진술할 수 없고, 그 진술이 특히 신빙할 수 있는 상태하에서 행하여졌음이 증명된 때에 한하여 이를 증거로 할 수 있다.

제317조(진술의 임의성) ①피고인 또는 피고인 아닌 자의 진술이 임의로 된 것이 아닌 것은 증거로 할 수 없다.

②전항의 서류는 그 작성 또는 내용인 진술이 임의로 되었다는 것이 증명된 것이 아니면 증거로 할 수 없다.

③검증조서의 일부가 피고인 또는 피고인 아닌 자의 진술을 기재한 것인 때에는 그 부분에 한하여 전2항의 예에 의한다.

제318조의2(증명력을 다투기 위한 증거) ①제312조부터 제316조까지의 규정에 따라 증거로 할 수 없는 서류나 진술이라도 공판준비 또는 공판기일에서의 피고인 또는 피고인이 아닌 자(공소제기 전에 피고인을 피의자로 조사

하였거나 그 조사에 참여하였던 자를 포함한다. 이하 이 조에서 같다)의 진술의 증명력을 다투기 위하여 증거로 할 수 있다.

②제1항에도 불구하고 피고인 또는 피고인이 아닌 자의 진술을 내용으로 하는 영상녹화물은 공판준비 또는 공판기일에 피고인 또는 피고인이 아닌 자가 진술함에 있어서 기억이 명백하지 아니한 사항에 관하여 기억을 환기시켜야 할 필요가 있다고 인정되는 때에 한하여 피고인 또는 피고인이 아닌 자에게 재생하여 시청하게 할 수 있다.

〈수사준칙〉

제26조(수사과정의 기록) ①검사 또는 사법경찰관은 법 제244조의4에 따라 조사(신문, 면담 등 명칭을 불문한다. 이하 이 조에서 같다) 과정의 진행경과를 다음 각 호의 구분에 따른 방법으로 기록해야 한다.

1. 조서를 작성하는 경우: 조서에 기록(별도의 서면에 기록한 후 조서의 끝부분에 편철하는 것을 포함한다)

2. 조서를 작성하지 않는 경우: 별도의 서면에 기록한 후 수사기록에 편철

②제1항에 따라 조사과정의 진행경과를 기록할 때에는 다음 각 호의 구분에 따른 사항을 구체적으로 적어야 한다.

1. 조서를 작성하는 경우에는 다음 각 목의 사항

   가. 조사 대상자가 조사장소에 도착한 시각

   나. 조사의 시작 및 종료 시각

   다. 조사 대상자가 조사장소에 도착한 시각과 조사를 시작한 시각에 상당한 시간적 차이가 있는 경우에는 그 이유

   라. 조사가 중단되었다가 재개된 경우에는 그 이유와 중단 시각 및 재개 시각

2. 조서를 작성하지 않는 경우에는 다음 각 목의 사항

   가. 조사 대상자가 조사장소에 도착한 시각

   나. 조사 대상자가 조사장소를 떠난 시각

   다. 조서를 작성하지 않는 이유

   라. 조사 외에 실시한 활동

마. 변호인 참여 여부

〈검찰사건사무규칙〉

제43조(진술거부권 등의 고지 확인) 검사는 다음 각 호의 어느 하나에 해당하는 경우에는 법 제244조의3에 따른 진술거부권 등의 고지 및 그에 대한 피의자의 답변에 관하여 별지 제43호서식의 진술거부권 및 변호인 조력권 고지 등 확인서를 작성하여 기록에 편철해야 한다.

1. 피의자신문조서 작성을 갈음하여 진술서를 작성하는 경우 등 피의자신문조서를 작성하지 않는 경우
2. 제38조제2항에 따라 피혐의자인 피의자가 아닌 사람의 진술을 듣고 같은 항에 따른 진술조서를 작성하는 경우

〈범죄수사규칙〉

제39조(기명날인 또는 서명 등) ①수사서류에는 작성연월일, 경찰관의 소속관서와 계급을 적고 기명날인 또는 서명하여야 한다.

②날인은 문자 등 형태를 알아볼 수 있도록 하여야 한다.

③수사서류에는 매장마다 간인한다. 다만, 전자문서 출력물의 간인은 면수 및 총면수를 표시하는 방법으로 한다.

④수사서류의 여백이나 공백에는 사선을 긋고 날인한다.

⑤피의자신문조서와 진술조서는 진술자로 하여금 간인한 후 기명날인 또는 서명하게 한다. 다만, 진술자가 기명날인 또는 서명을 할 수 없거나 이를 거부할 경우, 그 사유를 조서말미에 적어야 한다.

⑥인장이 없으면 날인 대신 무인하게 할 수 있다.

제41조(서류의 대서) 경찰관은 진술자의 문맹 등 부득이한 이유로 서류를 대신 작성하였을 경우에는 대신 작성한 내용이 본인의 의사와 다름이 없는가를 확인한 후 그 확인한 사실과 대신 작성한 이유를 적고 본인과 함께 기명날인 또는 서명하여야 한다.

제42조(문자의 삽입 · 삭제) ①경찰관은 수사서류를 작성할 때에는 임의로

문자를 고쳐서는 아니 되며, 다음 각 호와 같이 고친 내용을 알 수 있도록 하여야 한다.

1. 문자를 삭제할 때에는 삭제할 문자에 두 줄의 선을 긋고 날인하며 그 왼쪽 여백에 "몇자 삭제"라고 적되 삭제한 부분을 해독할 수 있도록 자체를 존치하여야 함
2. 문자를 삽입할 때에는 행의 상부에 삽입할 문자를 기입하고 그 부분에 날인하여야 하며 그 왼쪽 여백에 "몇자 추가"라고 적음
3. 1행 중에 두 곳 이상 문자를 삭제 또는 삽입하였을 때에는 각 자수를 합하여 "몇자 삭제" 또는 "몇자 추가"라고 기재
4. 여백에 기재할 때에는 기재한 곳에 날인하고 "몇자 추가"라고 적음

②피의자신문조서와 진술조서의 경우 문자를 삽입 또는 삭제하였을 때에는 "몇자 추가" 또는 "몇자 삭제"라고 적고 그 곳에 진술자로 하여금 날인 또는 무인하게 하여야 한다.

피 의 자 신 문 조 서

피 의 자 : 백정은

위의 사람에 대한 사기 피의사건에 관하여 2020. 4. 19. 10:00경 수연경찰서 수사과 경제팀 사무실에서 사법경찰관 경감 금반형은 사법경찰리 경사 박근면을 참여하게 하고, 아래와 같이 피의자임에 틀림없음을 확인하다.

문 : 피의자의 성명, 주민등록번호, 직업, 주거, 등록기준지 등을 말하십시오.

답 : 성명은 백정은(白正恩)

　　주민등록번호는 630505-2345678

　　직업은 무직

　　주거는 충남 서산시 동서1로 234, 567동 8901호 (석남동, KS빌)

　　등록기준지는 충남 아산시 무궁화로 112

　　직장주소는 없음

　　연락처는 자택전화 없음　　휴대전화 010-9876-5432

　　　　　　직장전화 없음　　전자우편(e-mail) 없음

　　입니다.

사법경찰관은 피의사건의 요지를 설명하고 사법경찰관의 신문에 대하여 형사소송법 제244조의3의 규정에 의하여 진술을 거부할 수 있는 권리 및 변호인의 참여 등 조력을 받을 권리가 있음을 피의자에게 알려주고 이를 행사할 것인지 그 의사를 확인한다.

진술거부권 및 변호인 조력권 고지 등 확인

1. 귀하는 일체의 진술을 하지 아니하거나 개개의 질문에 대하여 진술을 하지 아니할 수 있습니다.

1. 귀하가 진술을 하지 아니하더라도 불이익을 받지 아니합니다.

1. 귀하가 진술을 거부할 권리를 포기하고 행한 진술은 법정에서 유죄의 증거로 사용될 수 있습니다.

1. 귀하가 신문을 받을 때에는 변호인을 참여하게 하는 등 변호인의 조력을 받을 수 있습니다.

문 : 피의자는 위와 같은 권리들이 있음을 고지받았는가요.

답 : 예. 고지받았습니다.

문 : 피의자는 진술거부권을 행사할 것인가요

답 : 아니요. 진술하겠습니다.

문 : 피의자는 변호인의 조력을 받을 권리를 행사할 것인가요

답 : 아니요. 혼자 조사받겠습니다.

이에 사법경찰관 경감 금반형은 피의사실에 관하여 다음과 같이 피의자를 신문하다.

문 : 피의자는 영상녹화를 희망하는가요.

답 : 아니요. 그냥 조사받겠습니다.

문 : 이 사건 고소사실에 관하여 피의자가 알고 있는 바를 자세히 진술해보세요.

답 : 제가 강말녀로부터 돈을 투자받았는데 수익금을 주지 않아 강말녀가 저를 고
　　소한 것으로 알고 있습니다.

문 : 강말녀로부터 돈을 투자받은 부분에 대해서 더 자세히 진술해보세요.

답 : 작년 3월쯤 제가 나. 쌀국수 사업에 대해 설명을 했더니 강말녀가 투자를 하
　　겠다고 하여 연 10%의 수익금을 지급해 주는 조건으로 투자계약서를 작성하
　　고 저에게 26,500,000원을 준 것입니다.

문 : 쌀국수 사업에 대해 강말녀에게 설명한 내용을 자세히 진술해보세요.

답 : 잘 기억은 나지 않는데 남편이 베트남 쌀국수 사업을 운영하는데 사업이 잘되
　　고 있다고 한 것 같습니다.

문 : 기억나는 범위에서 최대한 자세히 진술해보세요.

답 : 사업이 번창하여 확장도 하고, 뭐 그렇게 얘기했던 것 같아요.

문 : 당시 피의자의 남편은 어떤 일을 하고 있었나요.

답 : 건설사에서 일용직으로 일하고 있었습니다.

문 : 피의자의 남편이 일용직으로 한 일을 자세히 말해보세요. *[이하 본면 생략]*

문 : 조서가 피의자가 진술한 대로 작성되어 있나요.

답 :   예.

문 : 조서의 기재내용 중 사실과 다른 부분이 있나요.

답 :   없습니다.

문 : 피의자에게 이익되는 사실 또는 참고로 더 할 말이 있나요.

답 :   없습니다.

위의 조서를 진술자에게 열람하게 하였던 바 진술한 대로 오기나 증감·변경할 것이 없다고 말하므로 간인한 후 서명날인하게 하다.

진 술 자   백정은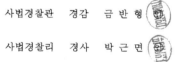

2020. 4. 19.

사법경찰관   경감   금 반 형

사법경찰리   경사   박 근 면

수사 과정 확인서

구 분	내 용
1. 조사 장소 도착시각	2020. 4. 19. 09:50
2. 조사 시작시각 및 종료시각	☐ 시작시각 : 2020. 4. 19. 10:00 ☐ 종료시각 : 2020. 4. 19. 11:00
3. 조서열람 시작시각 및 종료시각	☐ 시작시각 : 2020. 4. 19. 11:05 ☐ 종료시각 : 2020. 4. 19. 11:20
4. 그밖에 조사과정 진행경과 확인에 필요한 사항	없음
5. 조사과정 기재사항에 대한 이의제기나 의견진술 여부 및 그 내용	없습니다.

2020. 4. 19.

사법경찰관 경감 금반형은 백정은을 조사한 후, 위와 같은 사항에 대해 백정은으로부터 확인받음

확 인 자 : 백정은 ㊞

사법경찰관 : 경감 금반형 ㊞

왜곡유형별 조서왜곡 사례

[답변생략 사례]

문 : 현관문을 열어 달라고 하는 소리를 듣지 못했나요?

답 : 듣지 못했습니다. <조서>

답 : 아니. 뭐 어떻게 들어요? … 솔직하게 불이 나가지고 있는데 현관문을 열어 달라는 소리를 들었냐니 그게 말이 되는 소리입니까. <영상>

→ 현관문 열어 달라는 소리를 듣지 못한 사유(불이 나서 경황이 없는 상황)에 관한 답변을 생략하였다.

[답변의 미묘한 조작 및 문답생략 사례]

　　<조서에는>

문 : ○○○ 학생이 교회에 출석을 안 하기 시작한 올해 초 이전에 매주 교회에 출석을 하는 편인가요?

답 : 한 달에 한 번 아니면 두 번 몸이 좋지 않아 코피를 쏟을 때가 있는데 그때 빼고는 출석을 거의 하는 편이며 1달에 4주 동안 거의 2−3번 정도 출석을 하는 편입니다.

　　<영상에는>

문 : ○○○ 학생한테 물어보니까 올해 초쯤에 교회를 안 가기 시작했다는데, 작년까지 교회를 열심히 다녔다고 하는데 매주 교회를 가는 편이죠?

답 : 가는 한 달에 한[번] 빠질 때가 한 달에 한두 번 있습니다. 한두 번. 코피를 터져갖고 그래가지고 한 달에 한두 번씩은 한 번 아니면 두 번씩은 빠졌습니다.

문 : 몸이 아플 때 빼고는 교회를 출석했죠?

답 : 그라고 어떤 때는 친구 만나러 가고 없고.

문 : 가끔 몸 아플 때 안 간단 그 말 아니예요?

답 : 몸 아플 때도 그렇고 저 친구들하고 약속 있을 때도 그러고.

→ 피해자가 교회에 출석하는 횟수를 미묘하게 조작하였다. 또한, 피해자가 아플 때 외에 친구를 만날 때도 교회에 출석하지 않는다는 취지의 문답을 생략하였다.

[답변의 뚜렷한 조작 사례]

문 : 체포된 이유를 말하시오.

답 : ○○○게임랜드에 설치된 미솔리지2 게임기를 개변조하여 손님에게 제공했고 또 게임에서 배출된 아이템카드로 손님에게 환전을 해주었다는 이유로 체포되었습니다. <조서>

답 : … 아니 환전을 하든지 저는 알 수는 없고요. 단지 카드를 … <영상>

→ 피의자는 손님에게 환전을 해주는지 여부를 알지 못한다고 진술하였으나 조서상 체포된 이유에 대한 답란에는 환전을 해주었다는 내용이 기재되어 있다. 영상에서 수사관은 피의자에게 체포의 사유는 피의자의 판단이 아니라 경찰관의 판단임을 거듭 설명하고 있는데, 이러한 설명으로 인해 뚜렷한 조작이 있는 조서에 서명·날인이 이루어질 수 있었던 것으로 여겨진다.

[질문조작 사례]

　　<조서에는>

1. 귀하는 일체의 진술을 하지 아니하거나 개개의 질문에 대하여 진술을 하지 아니할 수 있습니다.

1. 귀하가 진술을 하지 아니하더라도 불이익을 받지 아니합니다.

1. 귀하가 진술을 거부할 권리를 포기하고 행한 진술은 법정에서 유죄의 증거로 사용될 수 있습니다.

1. 귀하가 신문을 받을 때에는 변호인을 참여하게 하는 등 변호인의 조력을 받을 수 있습니다.

문 : 피의자는 이와 같은 권리가 있음을 고지 받았는가요?

답 : (공란: "예."라고 기재하였을 것으로 추정)

문 : 피의자는 진술거부권을 행사할 것인가요?

답 : (공란: "아니요."라고 기재하였을 것으로 추정)

문 : 피의자는 변호인의 조력을 받을 권리를 행사할 것인가요?

답 : (공란: "아니요."라고 기재하였을 것으로 추정)

　　　<영상에는>

1. 지금 조사를 하는데 내가 묻는 말에 대답을 안 해도 돼. 그게 진술거부권 인데,

2. 그렇다고 해서 네게 불리하게 적용되진 않아.

3. 대신에 네가 자백하는 마음으로 또는 허위진술 할 마음으로 입을 열어서 말하는 모든 것들이 유죄 또는 무죄의 증거로 사용이 되는 거야.

4. 변호인을 선임할 수 있는 권리가 있어.

문 : 다 알아 들었지?

답 : 네.

문 : 진술거부권 행사할 거냐?

답 : 아닙니다.

문 : 변호인 어떻게 할 수 있겠어?

답 : 아닙니다.

→ 진술거부권의 고지, 변호인조력권의 확인 등에 있어서 질문에 사용된 용어, 질문의 취지 등이 상당한 정도로 왜곡되었다. 일견 사소한 차이로 보일 수도 있겠으나 "묻는 말에 대답을 안 해도 돼."라는 고지는 일체의 진술 거부와 개개의 진술 거부를 구분하여 설명하지 않은 문제가 있고, "네가 자백하는 마음으로 또는 허위진술 할 마음으로" 부분은 "진술거부권을 포기하고"와 현저히 다른 표현이어서 편향개입 또는 진술유도로 평가될 여지가 있고, "변호인 선임의 권리"가 있다거나 "변호인 어떻게 할 수 있겠어?"라는 질문은 변호인 선임권이 있을 뿐만 아니라 수사과정에 변호인의 참여가 허용되며 변호인의 조력을 받을 수 있다는 취지를 설명하기에 부족하다.

[문답추가 사례]

　　<조서에는>

문 : 피의자는 여자의 엉덩이를 만지면 안 된다는 것을 알고 있나요?

답 : 예, 그렇습니다.

문 : 그런데 왜 피해자의 엉덩이를 만졌나요.

답 : 데이트를 신청하면서 순간 충동으로 피해자의 엉덩이를 만지게 된 것입니다.

　　<영상에는>

위와 같은 취지의 문답 자체가 발견되지 아니함.

　→ 실제로 주고받지 않은 문답이 조서에 기재되어 있다. 이 피의자 신문에서 피의자는 피해자의 엉덩이를 만진 사실을 부인하였고 수사관은 이를 시인받으려 하였다.

[문답전환 사례]

　　<조서에는>

문 : … 위 도난현장에서 나와 어디로 갔는가요?

답 : … 신대구부산간 고속도로를 타고 밀양 톨게이트에서 내려 …

　　<영상에는>

문 : 신대구부산 고속도로로? 그죠?

답 : 네.

문 : 밀양 IC로 내렸어요?

답 : 네.

　→ 실제로는 수사관이 경로를 말해주고 피의자는 단순히 확인하는 식의 문답이 이루어졌으나 조서에는 피의자가 스스로 경로를 진술한 것으로 기재되어 있다.

주. 출처: 이형근 · 조은경, 피의자신문조서의 왜곡 유형과 정도에 관한 연구: 조서와 영상녹화물의 비교를 통한 사례연구, 경찰학연구 제14권 제2호, 2014, 43-47면.

〈형사소송법〉

제266조의3(공소제기 후 검사가 보관하고 있는 서류 등의 열람·등사) ①피고인 또는 변호인은 검사에게 공소제기된 사건에 관한 서류 또는 물건(이하 "서류등"이라 한다)의 목록과 공소사실의 인정 또는 양형에 영향을 미칠 수 있는 다음 서류등의 열람·등사 또는 서면의 교부를 신청할 수 있다. 다만, 피고인에게 변호인이 있는 경우에는 피고인은 열람만을 신청할 수 있다.

1. 검사가 증거로 신청할 서류등
2. 검사가 증인으로 신청할 사람의 성명·사건과의 관계 등을 기재한 서면 또는 그 사람이 공판기일 전에 행한 진술을 기재한 서류등
3. 제1호 또는 제2호의 서면 또는 서류등의 증명력과 관련된 서류등
4. 피고인 또는 변호인이 행한 법률상·사실상 주장과 관련된 서류등(관련 형사재판확정기록, 불기소처분기록 등을 포함한다)

②검사는 국가안보, 증인보호의 필요성, 증거인멸의 염려, 관련 사건의 수사에 장애를 가져올 것으로 예상되는 구체적인 사유 등 열람·등사 또는 서면의 교부를 허용하지 아니할 상당한 이유가 있다고 인정하는 때에는 열람·등사 또는 서면의 교부를 거부하거나 그 범위를 제한할 수 있다.

③검사는 열람·등사 또는 서면의 교부를 거부하거나 그 범위를 제한하는 때에는 지체 없이 그 이유를 서면으로 통지하여야 한다.

④피고인 또는 변호인은 검사가 제1항의 신청을 받은 때부터 48시간 이내에 제3항의 통지를 하지 아니하는 때에는 제266조의4 제1항의 신청을 할 수 있다.

⑤검사는 제2항에도 불구하고 서류등의 목록에 대하여는 열람 또는 등사를 거부할 수 없다.

⑥제1항의 서류등은 도면·사진·녹음테이프·비디오테이프·컴퓨터용 디스크, 그 밖에 정보를 담기 위하여 만들어진 물건으로서 문서가 아닌 특수매체를 포함한다. 이 경우 특수매체에 대한 등사는 필요 최소한의 범위에 한한다.

제266조의4(법원의 열람·등사에 관한 결정) ①피고인 또는 변호인은 검사가 서류등의 열람·등사 또는 서면의 교부를 거부하거나 그 범위를 제한한 때에는 법원에 그 서류등의 열람·등사 또는 서면의 교부를 허용하도록 할 것을 신청할 수 있다.

②법원은 제1항의 신청이 있는 때에는 열람·등사 또는 서면의 교부를 허용하는 경우에 생길 폐해의 유형·정도, 피고인의 방어 또는 재판의 신속한 진행을 위한 필요성 및 해당 서류등의 중요성 등을 고려하여 검사에게 열람·등사 또는 서면의 교부를 허용할 것을 명할 수 있다. 이 경우 열람 또는 등사의 시기·방법을 지정하거나 조건·의무를 부과할 수 있다.

③법원은 제2항의 결정을 하는 때에는 검사에게 의견을 제시할 수 있는 기회를 부여하여야 한다.

④법원은 필요하다고 인정하는 때에는 검사에게 해당 서류등의 제시를 요구할 수 있고, 피고인이나 그 밖의 이해관계인을 심문할 수 있다.

⑤검사는 제2항의 열람·등사 또는 서면의 교부에 관한 법원의 결정을 지체 없이 이행하지 아니하는 때에는 해당 증인 및 서류등에 대한 증거신청을 할 수 없다.

〈수사준칙〉

제69조(수사서류 등의 열람·복사) ①피의자, 사건관계인 또는 그 변호인은 검사 또는 사법경찰관이 수사 중인 사건에 관한 본인의 진술이 기재된 부분 및 본인이 제출한 서류의 전부 또는 일부에 대해 열람·복사를 신청할 수 있다.

②피의자, 사건관계인 또는 그 변호인은 검사가 불기소 결정을 하거나 사법경찰관이 불송치 결정을 한 사건에 관한 기록의 전부 또는 일부에 대해 열람·복사를 신청할 수 있다.

③피의자 또는 그 변호인은 필요한 사유를 소명하고 고소장, 고발장, 이의신청서, 항고장, 재항고장(이하 "고소장등"이라 한다)의 열람·복사를 신청할

수 있다. 이 경우 열람·복사의 범위는 피의자에 대한 혐의사실 부분으로 한
정하고, 그 밖에 사건관계인에 관한 사실이나 개인정보, 증거방법 또는 고소
장등에 첨부된 서류 등은 제외한다.

④체포·구속된 피의자 또는 그 변호인은 현행범인체포서, 긴급체포서, 체포
영장, 구속영장의 열람·복사를 신청할 수 있다.

⑤피의자 또는 사건관계인의 법정대리인, 배우자, 직계친족, 형제자매로서
피의자 또는 사건관계인의 위임장 및 신분관계를 증명하는 문서를 제출한
사람도 제1항부터 제4항까지의 규정에 따라 열람·복사를 신청할 수 있다.

⑥검사 또는 사법경찰관은 제1항부터 제5항까지의 규정에 따른 신청을 받은
경우에는 해당 서류의 공개로 사건관계인의 개인정보나 영업비밀이 침해될
우려가 있거나 범인의 증거인멸·도주를 용이하게 할 우려가 있는 경우 등
정당한 사유가 있는 경우를 제외하고는 열람·복사를 허용해야 한다.

〈대검찰청 영상녹화 업무처리 지침〉

제16조(영상녹화물 열람 등) ①검사는 수사 중인 사건(내사 사건 포함)의 피
의자 등으로부터 영상녹화물이나 수사보고서(진술요약)에 대하여 열람·등
사청구를 받은 경우, 검사와 사법경찰관의 상호협력과 일반적 수사준칙에 관
한 규정 제16조, 제69조에 따라 영상녹화물의 열람·등사업무를 처리한다.
특히 영상녹화물 유포 우려 또는 조사자나 피의자 등의 초상권, 프라이버시
권 보호 등이 필요한 경우에는 영상녹화물의 열람만 허용할 수 있다.

②검사는 기소된 사건에 대하여는 형사소송법 제266조의3에 의하여, 재판
이 확정된 사건에 대하여는 형사소송법 제59조의2에 의하여, 불기소 처분된
사건에 대하여는 검사와 사법경찰관의 상호협력과 일반적 수사준칙에 관한
규정 제69조, 검찰보존사무규칙 제20조 내지 제27조에 의하여 영상녹화물
의 열람·등사 업무를 처리한다. 특히 영상녹화물 유포 우려 또는 조사자나
피의자 등의 초상권, 프라이버시권 보호 등이 필요한 경우에는 영상녹화물의
열람만 허용할 수 있다.

〈경찰청 영상녹화 업무처리 지침〉

제15조(정보공개 및 열람·등사) ①경찰관은 영상녹화된 음성과 영상에 대한 정보공개 청구가 있거나 진술자 또는 변호인이 열람·복사를 청구하는 경우에는 「검사와 사법경찰관의 상호협력과 일반적 수사준칙에 관한 규정」 제16조, 제69조, 「경찰수사규칙」 제87조 및 「경찰 수사서류 열람·복사에 관한 규칙」 제4조 제2항에 따라 결정한다.
②검찰에 송치한 사건의 영상녹화물에 대한 정보공개 청구를 받은 경우에는 영상녹화물을 보관하고 있는 검찰청에 청구하도록 안내하거나 「공공기관의 정보공개에 관한 법률」 제11조 제4항에 따라 이송해야 한다.

〈판례〉

증거개시의 대상[은] 검사가 신청할 예정인 증거에 한정하지 아니하고 피고인에게 유리한 증거까지를 포함한 전면적인 증거개시를 원칙으로 하며, 검사는 열람·등사의 신청이 있는 경우에는 원칙적으로 열람·등사를 허용해야 하고, 예외적으로 제한사유가 있는 경우에만 열람·등사를 제한할 수 있다(헌법재판소 2010. 6. 24. 선고 2009헌마257 전원재판부 결정).

변호인은 … 수사기록 중 증거로 제출되지 아니한 기록 전부에 대하여 열람·등사[권이 있다] … 이 사건 수사서류에 대한 열람은 허용하고 등사만을 거부하였는바, 변호인이 수사서류를 열람은 하였지만 등사가 허용되지 않는다면, 변호인은 형사소송절차에서 청구인들에게 유리한 수사서류의 내용을 법원에 현출할 수 있는 방법이 없어 불리한 지위에 놓이게 되고, 그 결과 청구인들을 충분히 조력할 수 없음이 명백하다(헌법재판소 2017. 12. 28. 선고 2015헌마632 결정).

피 의 자 신 문 조 서

피 의 자 : 안친구

위의 사람에 대한 사기 피의사건에 관하여 2022. 4. 8. 14:10 우리경찰서 영상녹화실에서 사법경찰관 경감 금반형은 사법경찰리 경사 박근면을 참여하게 하고, 아래와 같이 피의자임에 틀림없음을 확인하다.

문 : 피의자의 성명, 주민등록번호, 직업, 주거, 등록기준지 등을 말하십시오.

답 : 성명은 안친구

　　주민등록번호는 761111-1234567

　　직업은 대리운전기사

　　주거는 아산시 무궁화로 무궁화빌라 222호

　　등록기준지는 합천군 가회면 장대리 111

　　직장주소는 아산시 대리운전로 111 아산사랑 대리운전

　　연락처는 자택전화 없음　휴대전화 010-9268-4321

　　　　직장전화 041-438-8765　전자우편(e-mail) ahnchingu@naver.com

　입니다.

사법경찰관은 피의사건의 요지를 설명하고 사법경찰관의 신문에 대하여 「형사소송법」 제244조의3에 따라 진술을 거부할 수 있는 권리 및 변호인의 참여 등 조력을 받을 권리가 있음을 피의자에게 알려주고 이를 행사할 것인지 그 의사를 확인하다.

진술거부권 및 변호인 조력권 고지 등 확인

1. 귀하는 일체의 진술을 하지 아니하거나 개개의 질문에 대하여 진술을 하지 아니할 수 있습니다.

1. 귀하가 진술을 하지 아니하더라도 불이익을 받지 아니합니다.

1. 귀하가 진술을 거부할 권리를 포기하고 행한 진술은 법정에서 유죄의 증거로 사용될 수 있습니다.

1. 귀하가 신문을 받을 때에는 변호인을 참여하게 하는 등 변호인의 조력을 받을 수 있습니다.

문 : 피의자는 위와 같은 권리들이 있음을 고지받았는가요

답 : 0예 、

문 : 피의자는 진술거부권을 행사할 것인가요

답 : 아니요 .

문 : 피의자는 변호인의 조력을 받을 권리를 행사할 것인가요

답 : 아니요 .

이에 사법경찰관은 피의사실에 관하여 다음과 같이 피의자를 신문하다.

문 : 피의자는 영상녹화를 희망하는가요.

답 : 예.

문 : 피의자는 왜 조사를 받는지 알고 있나요.

답 : 예. 2021년 7월 3일 17:33경 친구인 나피해에게 3천만원을 제 명의의 최고은행 123-456-78910-123 계좌로 송금받아 빌렸는데, 빌린 돈을 갚지 않아서 조사를 받고 있습니다.

문 : 나피해로부터 돈을 빌린 이유가 무엇인가요

답 : 2020년에 지인 김채권(010-8282-8282)에서 2천 5백만원을 빌린 것이 있는데, 그 돈의 원금과 이자를 갚기 위해서 나피해로부터 돈을 빌린 것입니다.

- 피의자와 김채권의 관계 및 채권채무 관계에 관한 1쪽 분량의 문답은 생략 -

문 : 나피해로부터 빌린 돈을 갚았나요

답 : 갚지 못했습니다. 나피해에게 빌린 돈으로 김채권에게 빌린 돈을 갚는 방식으로 돌려막기를 했는데, 코로나 때문에 가게 매출이 줄고, 돈이 모자라서 갚지 못했습니다.

문 : 혹시 피의자가 코로나 확진을 받은 사실이 있나요

답 : 예. 저뿐만 아니라 와이프도 같이 확진이 되었습니다. 필요하시면 보건소에서 확진증을 받아서 제출하도록 하겠습니다.

문 : 피의자는 변제 의사나 능력이 있었나요

답 : 변제 의사는 있었고, 변제 능력은 장사가 갑자기 안 되었기 때문에 매출장부를 보아야 할 것 같습니다.

문 : 매출장부를 제출할 의사가 있나요.

답 : 예. 여기 가지고 왔습니다.

피의자가 컴퓨터 포스에서 출력한 매출장부 11매를 임의로 제출하므로, 본 조서 말미에 첨부하고 계속하여 피의자를 신문하다.

문 : 매출장부를 보면, 코로나 사태와 무관하게 매출이 그렇게 많지 않은 편이었는데, 어떤가요.

답 : 예. 맞습니다. 원래부터 매출이 많지 않아서 나피해로부터 빌린 돈을 다 갚을 수 있는 정도는 아니었지만, 갚을 생각이 없었던 것은 결코 아닙니다.

문 : 가게의 매출 중에서 순수입은 어느 정도인가요.

답 : 20 - 25% 정도입니다. 그러니까 평균 순수입 6개월 치를 합산하더라도 3천만원이 되지 않는 것이 사실입니다.

문 : 피의자는 원금이든, 이자든, 또 다른 명목이든 나피해에게 이 사건 차용금과 관련하여 반대급부를 지급한 사실이 있나요.

답 : 없습니다.

문 : 가게 수입 이외의 자금으로 나피해에게 돈을 갚은 사실이 있나요.

답 : 없습니다.

문 : 재산은 얼마나 되나요.

답 : 전세보증금 1억원과 5백만원 상당의 승용차(06로2000 소나타) 한 대가 전부이며, 현금은 마이너스 상태입니다. 하지만 집은 저희 식구가 살아야 하고, 차는 저와 와이프가 출퇴근을 해야 하기 때문에 팔 수가 없었습니다.

문 : 피의자의 범죄경력에서 사기 전과가 확인되는데, 어떤 내용인가요?

답 : 이 사건과는 전혀 무관한 별도의 차용 사기 사건입니다.

- 피의자의 이종 전과에 관한 반쪽 분량의 문답은 생략 -

문 : 피의자의 계좌 내역 및 신용카드 사용내역을 제출할 의사가 있나요.

답 : 아니요

문 : 고소된 이후에 원금이든, 이자든, 또 다른 명목이든 나피해에게 지급을 한 사실이 있나요

답 : 없습니다.

문 : 피의자의 진술을 종합하면, 피의자에게 변제 의사가 있었던 것은 틀림없어 보이나, 변제 능력 즉, 포장 위주로 만두 가게를 운영하여 발생하는 수입만으로는 이 사건 차용금 3천만원을 갚을 수 있음이 불확실했던 것으로 보이는데, 어떤가요?

답 : 예.

문 : 이상의 진술이 사실인가요

답 : 예.

문 : 참고로 더 할 말이 있나요

답 : 없습니다.

문 : 추가적으로 서면 의견이나 자료를 제출할 것인가요.

답 : 아니요.

위의 조서를 진술자에게 열람하게 하였던 바 진술한 대로 오기나 증감·변경할 것이 없다고 말하므로 간인한 후 서명날인하게 하다.

진 술 자　　안 현 규　

2022. 4. 8.

사법경찰관　경감　금반형　㊞

사법경찰리　경사　박근면　㊞

수사 과정 확인서

구 분	내 용
1. 조사 장소 도착시각	2022. 4. 8. 14:00
2. 조사 시작시각 및 종료시각	☐ 시작시각 : 2022. 4. 8. 14:10 ☐ 종료시각 : 2022. 4. 8. 15:00
3. 조서열람 시작시각 및 종료시각	☐ 시작시각 : 2022. 4. 8. 15:00 ☐ 종료시각 : 2022. 4. 8. 15: 2 0
4. 기타 조사과정 진행경과 확인에 필요한 사항	없음
5. 조사과정 기재사항에 대한 이의제기나 의견진술 여부 및 그 내용	없습니다

2022. 4. 8.

사법경찰관 경감 금반형은 안친구를 조사한 후, 위와 같은 사항에 대해 안친구로부터 확인받음

확 인 자 : 안친구 ㉑

사법경찰관 : 경감 금반형 ㉑

진술녹취록

- 영상녹화 시작 -

문 시간 맞춰 오셨네요. 자. 그럼 조사 시작할게요.

답 예.

문 영상녹화 해달라고 하셔서 지금 영상녹화를 하고 있어요. 저기 잘 돌아가
    고 있고요. 지금이 그러니까 오후 두시 구분, 이제 십분 되었네요. 어. 조
    사. 조사 시작할게요.

답 예.

문 인적사항부터 좀. 성함이 안친구씨 맞죠?

답 예.

문 주민번호가 761111 다시.

답 1234567.

문 761111 다시 1234567. 신분증 있으세요.

답 예. 여기.

문 직업이.

답 직업이. 지금은. 지금은.

문 아무 것도 안 해요?

답 대리운전.

문 대리운전 하세요?

답 예.

문 직업은 대리운전. 그리고 대리 사무실 주소나 연락처 아세요?

답 주소는 음. 연락처는. 연락처는.

문 됐어요. 나중에 확인해서 알려주시면 됩니다. 예?

답 예.

문 주소는 아산시 무궁화로 111 무궁화빌라 222호. 등록기준지는 합천군 가회
    면 장대리 111번지. 맞죠?

답 예.

문 전화번호가 010 9268 다시 4321이시고, 집전화 있어요?

답 아뇨.

문 직장전화 아까 모르신다고 했고 이메일 주소요.

답 ahnchingu 골뱅이 네이버 닷 컴요.

문 ahnchingu 골뱅이 네이버 닷 컴. 자. 다 됐고. 이제 본격적으로. 본격적으로. 먼저, 그러니까 권리. 안친구씨. 귀하는 일체의 진술을 하지 않거나 개개의 질문에 대하여 진술하지 않을 수 있어요. 에. 또, 귀하가 진술을 하지 않더라도 불이익은 없어요. 에. 또, 진술거부권 포기하고 진술하면 유죄의 증거로 사용될 수 있어요. 아. 그리고 오늘 혼자 오셨네요. 혹시 변호사 사셨나요?

답 아니요.

문 그럼 혼자 조사 받으시는 거고. 자. 다 말씀드렸어요. 진술 거부하실 건가요?

답 아니요.

문 변호사 없으시고. 그럼 이제. 왜 조사받는지는 아시죠? 제가 전화로 말씀을.

답 에. 제가 돈을.

문 예예. 하나씩 물어볼게요. 나피해씨 아시죠?

답 예.

문 본인하고 친구 사이시고.

답 예.

문 나피해씨한테 돈 빌린 사실 있나요?

답 예. 제가 그때.

문 예예. 하나씩 해요. 빌린 돈이 3천만원.

답 예.

문 친구인 나피해에게 돈 3천만원을 빌린 사실이 있습니다. 자. 이제 그 날짜가. 2021년 7월 3일 17시 33분에 계좌로. 맞나요?

답 그런 것 같아요.

문 이거야 뭐 계좌가 그렇게 나오니까. 2021년 7월 3일 17시 33분 맞으시고. 돈을 왜 빌린 건가요?

답 그러니까 그게 그때 제가.

문 그러니까 그때 제가.

답 제가 다른 데 돈을 갚을 게 있어가지고.

문 예예. 그건 와이프 분인가. 지난 번에 보내주신 걸로 확인이 다 됐고. 그러니까 다른 데 돈을 갚을 게 있어서 3천만원을 빌린 사실이 있습니다. 맞죠? 근데 돈을 못 갚은 거고?

답 예. 그러니까 앞에 돈은 갚았고.

– 피의자와 김채권의 관계 및 채권채무에 관한 5분 가량의 문답은 생략 –

문 나피해에게 빌린 돈으로 김채권에게 빌린 돈을 갚았다. 돌려막기. 그런데 나피해에게 빌린 돈은 못 갚았다. 그거잖아요?

답 예예.

문 갚지 않은 이유가 무엇인가요?

답 그게. 갚으려고 했는데 돈이 모자라서 그래서 나피해한테 얘기를 해서. 그러니까.

문 그러니까 돈이 모자라서?

답 예.

문 안 갚을 생각으로 빌린 건 아닌가요?

답 아니예요.

문 그런데 왜 갚지 않았나요?

답 그게 돈이 모자라서.

문 그럼 갚을 생각은 있었는데 갚을 여력이 안 되었다?

답 제가 사정 얘기를 좀 하게.

문 예예. 사정 얘기를 좀 해보세요. 그럼.

답 아. 그러니까 원래 연말까지 갚기로 했는데, 코로나 때문에 제가 하던 가게
　 에 매출도 줄고, 저도 확진이 되는 바람에 제때에. 그래서 나피해한테 얘
　 기를 해서.

문 나피해한테 얘기를 했어? 뭐라고요?

답 좀 말미를 달라.

문 좀 말미를 달라. 그랬더니?

답 알았다고. 그런데 자기도 좀 요새 힘들다고.

문 예예. 됐고. 이게 중요한 거는 변제 의사가 있었다고 하셨기 때문에 문제는
　 이제 그 변제 능력. 변제 능력 그게 문제인데. 그때 장사가.

답 예예. 장사가 갑자기 안 되기 시작했어요. 그래서.

문 그건 확인을 해봐야 되는데. 혹시 소명자료가 같은 게 있나요?

답 그거야 뭐 매출장부 보면 다 나오죠. 안 그래도 여기.

문 가지고 오셨어요?

답 예. 여기. 여기부터 보면.

문 이리 줘보세요. 제가 한번 볼게요.

답 예.

문 (매출장부 검토 후) 그 에 이게 근데 문제는 원래 매출을 봐도 이게 딱 뭐
　 다 갚을 수 있었다 뭐 이런 정도가 아니라서. 그리고 어쨌든 돈을 한푼도
　 안 갚은 거라서. 암튼 갚을 생각은 있었던 거다?

답 예예.

문 근데 이게 돈을 하나도 안 갚았단 말이에요. 돈을 하나도.

답 그러니까 아까 제가 나피해한테 사정을.

문 그리고 코로나 전에도 매출이. 이게 차 떼고 포 떼고 나면 순수입이 이게
　 6개월을 모으더라도 이게.

답 아니. 그러니까 그게 돈이 가게 돈만 가지고 갚는다기보다.

문 매출 중에 몇 프로가 남나요? 그러니까 순수입.

답 20에서 25프로 정도 된다고 보시면 됩니다.

문 예예. 그러니까 그 사정은 자료를 좀 더 보면 되는 것이고. 중요한 건 돈을

하나도. 어쨌든 하나도 안 갚은 건 맞죠?

답 예.

문 다른 데서 돌려서 갚을 생각은 안 해보았나요?

답 돌려서?

문 그러니까 누구한테 빌린다든지, 대출을 받는다든지.

답 아. 중간에 빌리려고 여기저기 부탁을 해봤죠. 그러니까 예전에 같이 직장 다니던 김금석이라는 친구하고 이은석이라는 친구, 그리고 박.

문 그러니까 어쨌든 돈을 못 빌렸으니까 고소인한테도 돈을 못 갚은 거잖아요? 빌렸어도 안 갚았으면 더 나쁜거고.

답 예예. 그렇죠.

문 이자라도 좀 갚은 것도 없어요?

답 이자는. 이자는 원래.

문 아니 이자 안 받기로 한 건 아는데 어쨌든 약속을 그러니까 약속 위반을. 그러니까 뭐가 됐든 조금이라도 갚은 게 없다는 거잖아요?

답 예.

문 재산은 얼마나 되나요?

답 재산이. 집이나 돈 이런 거 말씀이시죠?

문 예예. 그런 거.

답 아. 전세보증금 1억 있고요. 현금은 지금 거의 마이너스 상태.

문 전세보증금 외에는 없다? 차도 없어요?

답 차 있습니다.

문 시가가?

답 시가가. 중고로.

문 예. 중고로.

답 한 5백만원?

문 예. 전세보증금이 1억, 자동차가 5백. 그런데 갚지 않았다. 보증금을 빼는 건 어려웠을 거고. 차는요?

답 예? 차는 저랑 와이프 출퇴근용이고, 또 가격도 5백.

문 아아. 제가 뭐 차를 팔아라 말아라 이런 얘기는 아니고. 그러니까.

답 그거 팔면 장사를 더 못하죠. 영업시간이 줄어드니까.

문 어쨌든 그거 말고는 없었다?

답 예.

문 그럼 결국 이게 코로나 때문이라는 건데, 아무리 그래도. 아 참 지금 대리 뛴다고 하였잖아요. 그럼 가게는 접은?

답 아뇨. 가게가 잘 안 되니까 와이프 혼자서 하고 저는 주로 대리를 뛰고 있죠. 밤에 뛰면 피곤해서 낮에 가게 나가기도 힘들고.

문 아아. 가게가?

답 예? 만두집 합니다. 포장이 주로 많죠.

문 아아. 만두집. 그럼 이게 답이 매출 줄어든 거 이거밖에 없네. 원래 매출도 그렇게 많지는 않았고 이게. 좀 더 검토해 보기로 하고. 참 장부 이거는 제출을 하시는 거죠. 저한테?

답 예예.

문 근데 또 하나 문제가 사기 전과가 있으셔.

답 예? 그건 이거랑은 완전 다른 건데요. 그건 예전에.

문 예예. 압니다. 제가 관련이 있다고는 말씀을 드리는 게 아니고, 아무래도 동종 전과가 있으면 좀 더 꼼꼼하게 살펴봐야 하니까 드리는 말씀. 그러니까. 그게.

답 예. 암튼 그건 다른 거.

– 피의자의 이종 전과에 관한 3분 가량의 문답은 생략 –

문 혹시 계좌내역이랑 신용카드 내역을 좀 제출해주실 수 있을까요?

답 그건 왜?

문 예. 다른 건 아니고 이게 돈을 한푼도 안 갚은 사안이다가 보니까 혹시 다른 데는 돈을 소비를 하면서 이 돈만.

답 가게 돌리고 생필품 하고 뭐 이런 데는 돈을 썼죠. 물론. 그럼 계좌내역이랑 카드 뭐 이런 걸 전부 다 달라는 말씀이신 건지.

문 예. 뭐 그건 저희가 강제할 수 있는 건 아니고, 그럼 이 사건은 매출장부만
    가지고 혐의를 판단하는 걸로. 그렇게 하면 되겠죠?

답 예.

문 아 그리고 아까 3천만원 받은 계좌가.

답 최고은행 123 456 7890 123이요.

문 예예. 그리고 김채권씨 그 확인서가 들어왔는데 혹시 연락처가.

답 010 8282 다시 8282. 참 그리고 아까 대리 사무실 주소가 아산시 대리운
    전로 111에 아산사랑 대리운전이고, 전화번호가 041-438-8765입니다.

문 예예. 직장주소는 아산시 대리운전로 111에 아산사랑 대리운전. 직장전화
    041 438에 8765. 그리고 참 이 매출장부 뽑으신 거 이게 뭐 엑셀 같은 걸
    로 하신 건가요? 아니면 그 컴퓨터 그러니까 주문 넣고 이런 자동으로 되
    는 컴퓨터.

답 포스가 다 있습니다. 그러니까 컴퓨터.

문 예예. 그리고 그 차번호가.

답 제 차요?

문 예예.

답 06로2000 소나타입니다.

문 코로나 그거 확진증 있어요? 와이프는 안 걸리시고?

답 와이프도 같이 걸렸었어요. 일주일.

문 확진증. 그거 제출해 주실 수가.

답 예. 보건소에서 받아서.

문 조서는 이제 대충. 그 혹시 고소된 이후에 고소인하고 연락하거나 하신 거
    있으세요?

답 예. 형사님 전화 받고 연락해서 얘기 나눴죠.

문 어떤 얘기?

답 이렇게 고소하는 건 아닌 것 같다고 했더니 자기도 어쩔 수 없다고 했어
    요. 힘들다고.

문 3천 빌리신 거 맞으시고, 원리금 안 갚으신 거 맞으시고, 또 다른 제출하실 건 없으시고, 변제 의사는 있으셨고, 변제 능력은 뭐 제가 좀 더 검토를. 예. 그럼 오늘 조사는 이 정도로. 뭐 더 하실 말씀 있으실까요?

답 못 갚은 건 맞지만 사기는 아닙니다. 그 친구 입장은 이해하지만 이건 명백히 민사예요. 형사님께서 잘 판단해 주셨으면 좋겠습니다.

문 그건 있다가 자필로 쓰시면 되고. 예. 그럼 이제 이걸 좀 뽑아서. (출력 후) 읽어보시고 고칠 거 있으시면 말씀하세요.

답 예. (열람 후) 별로 고칠 건 없는 것 같아요.

문 자 그럼 이제 간인을 좀 하시고. 여기. 그리고 여기. (간인 후) 여기에는 '예'라고 쓰시고, 그 밑에 '아니요', 그 밑에 '아니요', 여기에는 '예'라고 쓰시고, 여기에는 '없습니다'라고. 여기도. 성함도 좀. (자필 기재 및 서명 후) 아. 고생 많으셨습니다. 그럼 오늘 조사는 여기까지 하겠습니다.

답 예.

– 영상녹화 종료 –

피의자신문 조서·영상 대비표

조서		영상		왜곡*						
				1	2	3	4	5	6	7
−		시간 맞춰 오셨네요. 자. 그럼 조사 시작할게요.	1							
−		예.	1							
피의자는 영상녹화를 희망하는가요.	1	영상녹화 해달라고 하셔서 지금 영상녹화를 하고 있어요. 저기 잘 돌아가고 있고요. 지금이 그러니까 오후 두시 구분, 이제 십분 되었네요. 어. 조사. 조사 시작할게요.	1							
예.	1	예.	1							
피의자의 성명, 주민등록번호, 직업, 주거, 등록기준지 등을 말하십시오.	1	인적사항부터 좀. 성함이 안친구씨 맞죠?	1							
		예.	1							
성명은 안친구 주민등록번호는 761111−1234567 직업은 대리운전기사 주거는 아산시 무궁화로 무궁화빌라 222호 등록기준지는 합천군 가회면 장대리 111 [①직장주소는 아산시 대리운전로 111 아산사랑 대리운전] 연락처는 자택전화 없음 휴대전화 010−9268−4321 [②직장전화 041−438−8765] 전자우편(e−mail) ahnchingu@naver.com 입니다.	1	주민번호가 761111 다시.	1							
		1234567.	1							
		761111 다시 1234567. 신분증 있으세요.	1							
		예. 여기.	1							
		직업이.	1							
		직업이. 지금은. 지금은.	1							
		아무 것도 안 해요?	1							
		대리운전.	1							
		대리운전 하세요?	1							
		예.	1							
		직업은 대리운전. 그리고 대리 사무실 주소나 연락처 아세요?	1							
		주소는 음. 연락처는. 연락처는.	1							
		됐어요. 나중에 확인해서 알려주시면 됩니다. 예?	1							
		예.	1							

		주소는 아산시 무궁화로 111 무궁화빌라 222호. 등록기준지는 합천군 가회면 장대리 111번지. 맞죠?	1							
		예.		1						
		전화번호가 010 9268 다시 4321이시고, 집전화 있어요?	1							
		아뇨.		1						
		직장전화 아까 모르신다고 했고 이메일 주소요.	1							
		ahnchingu 골뱅이 네이버 닷 컴요.		1						
1. 귀하는 일체의 진술을 하지 아니하거나 개개의 질문에 대하여 진술을 하지 아니할 수 있습니다. 1. 귀하가 진술을 하지 아니하더라도 불이익을 받지 아니합니다. 1. 귀하가 진술을 거부할 권리를 포기하고 행한 진술은 법정에서 유죄의 증거로 사용될 수 있습니다. 1. 귀하가 신문을 받을 때에는 변호인을 참여하게 하는 등 변호인의 조력을 받을 수 있습니다. 피의자는 변호인의 조력을 받을 권리를 행사할 것인가요.	1	ahnchingu 골뱅이 네이버 닷 컴. 자. 다 됐고 이제 본격적으로. 본격적으로. 먼저, 그러니까 권리. 안친구씨. 귀하는 일체의 진술을 하지 않거나 개개의 질문에 대하여 진술하지 않을 수 있어요 에. 또, 귀하가 진술을 하지 않더라도 불이익은 없어요. 에. 또, 진술거부권 포기하고 진술하면 유죄의 증거로 사용될 수 있어요. 아. 그리고 오늘 혼자 오셨네요. 혹시 변호사 사셨나요?	1					1		
아니요.	1	아니요.		1						
피의자는 위와 같은 권리들이 있음을 고지받았는가요.	1	그럼 혼자 조사 받으시는 거고. 자. 다 말씀드렸어요. 진술 거부하실 건가요?	1							
예.		1								
피의자는 진술거부권을 행사할 것인가요.	1	아니요.		1						
아니요.		1								
사법경찰관은 피의사건의 요지를 설명하고		변호사 없으시고. 그럼 이제. 왜 조사받는지는 아시죠? 제가 전화로 말씀을.	1							
		에. 제가 돈을.		1						

진술조서 내용		진술 내용									
피의자는 왜 조사를 받는지 알고 있나요.	1	예예. 하나씩 물어볼게요. 나피해씨 아시죠?	1								
		예.		1							
		본인하고 친구 사이시고.	1								
		예.		1							
예. 2021년 7월 3일 17:33경 친구인 나피해에게 3천만원을 [③제 명의의 최고은행 123-456-78910-123 계좌로 송금받아] 빌렸는데, 빌린 돈을 갚지 않아서 조사를 받고 있습니다.	1	나피해씨한테 돈 빌린 사실 있나요?	1								
		예. 제가 그때.		1							
		예예. 하나씩 해요. 빌린 돈이 3천만원.	1								
		예.		1							
		친구인 나피해에게 돈 3천만원을 빌린 사실이 있습니다. 자. 이제 그 날짜가. 2021년 7월 3일 17시 33분에 계좌로. 맞나요?	1								
		그런 것 같아요.		1							
나피해로부터 돈을 빌린 이유가 무엇인가요.	1	이거야 뭐 계좌가 그렇게 나오니까. 2021년 7월 3일 17시 33분 맞으시고. 돈을 왜 빌린 건가요?	1								
2020년에 지인 김채권[④(010-8282-8282)]에서 2천 5백만원을 빌린 것이 있는데, 그 돈의 원금과 이자를 갚기 위해서 나피해로부터 돈을 빌린 것입니다. ※ 피의자와 김채권의 관계 및 채권채무에 관한 내용은 진단 범위에서 제외함.	1	그러니까 그게 그때 제가.	1								
		그러니까 그때 제가.	1								
		제가 다른 데 돈을 갚을 게 있어가지고.	1								
		예예. 그건 와이프 분인가. 지난 번에 보내주신 걸로 확인이 다 됐고. 그러니까 다른 데 돈을 갚을 게 있어서 3천만원을 빌린 사실이 있습니다. 맞죠? 근데 돈을 못 갚은 거고?	1								
		예. 그러니까 앞에 돈은 갚았고.	1								
나피해로부터 빌린 돈을 갚았나요.	1	나피해에게 빌린 돈으로 김채권에게 빌린 돈을 갚았다. 돌려막기. 그런데 나피해에게 빌린 돈은 못 갚았다. 그거잖아요?	1								1

갚지 못했습니다. 나피해에게 빌린 돈으로 김채권에게 빌린 돈을 갚는 방식으로 돌려막기를 했는데, [⑤코로나 때문에 가게 매출이 줄고,] 돈이 모자라서 갚지 못했습니다.	1	예예.		1					
(피의자는 변제 의사나 능력이 있었나요.)		갚지 않은 이유가 무엇인가요?	1						
		그게. 갚으려고 했는데 돈이 모자라서 그래서 나피해한테 얘기를 해서. 그러니까.		1		1			
		그러니까 돈이 모자라서?	1						
		예.		1					
피의자는 변제 의사나 능력이 있었나요.	1	안 갚을 생각으로 빌린 건 아닌가요?	1						
		아니예요.		1					
변제 의사는 있었고, [⑥변제 능력은 장사가 갑자기 안 되었기 때문에 매출장부를 보아야 할 것 같습니다.]	1	그런데 왜 갚지 않았나요?	1						
		그게 돈이 모자라서.		1					
		그럼 갚을 생각은 있었는데 갚을 여력이 안 되었다?	1						
		제가 사정 얘기를 좀 하게.		1					
혹시 피의자가 코로나 확진을 받은 사실이 있나요.	1	예예. 사정 얘기를 좀 해보세요. 그럼.	1						
예. [⑦저뿐만 아니라 와이프도 같이] 확진이 되었습니다. [⑧필요하시면 보건소에서 확진증을 받아서 제출하도록 하겠습니다.] ⑤코로나 때문에 가게 매출이 줄고,	1	아. 그러니까 원래 연말까지 갚기로 했는데, 코로나 때문에 제가 하던 가게에 매출도 줄고, 저도 확진이 되는 바람에 제때에. 그래서 나피해한테 얘기를 해서.		1					
–		나피해한테 얘기를 했어? 뭐라고요?	1			1			
–		좀 말미를 달라.		1					
–		좀 말미를 달라. 그랬더니?	1						
–		알았다고. 그런데 자기도 좀 요새 힘들다고.		1		1			

신문 내용		답변 내용								
-		예예. 됐고. 이게 중요한 거는 변제 의사가 있었다고 하셨기 때문에 문제는 이제 그 변제 능력. 변제 능력 그게 문제인데. 그때 장사가.	1							
-		예예. 장사가 갑자기 안 되기 시작했어요. 그래서.		1						
-		그건 확인을 해봐야 되는데. 혹시 소명자료가 같은 게 있나요?	1							
⑥변제 능력은 장사가 갑자기 안 되었기 때문에 매출장부를 보아야 할 것 같습니다.		그거야 뭐 매출장부 보면 다 나오죠. 안 그래도 여기.		1						
매출장부를 제출할 의사가 있나요.	1	가지고 오셨어요?	1							
		예. 여기. 여기부터 보면.	1							
예. 여기 가지고 왔습니다.	1	이리 줘보세요. 제가 한번 볼게요.	1							
		예.		1						
매출장부를 보면, 코로나 사태와 무관하게 매출이 그렇게 많지 않은 편이었는데, 어떤가요.	1	(매출장부 검토 후) 그 에 이게 근데 문제는 원래 매출을 봐도 이게 딱 뭐 다 갚을 수 있었다 뭐 이런 정도가 아니라서. 그리고 어쨌든 돈을 한푼도 안 갚은 거라서. 암튼 갚을 생각은 있었던 거다?	1							1
예. 맞습니다. 원래부터 매출이 많지 않아서 나피해로부터 빌린 돈을 다 갚을 수 있는 정도는 아니었지만, 갚을 생각이 없었던 것은 결코 아닙니다.	1	예예.	1							
-		근데 이게 돈을 하나도 안 갚았단 말이에요. 돈을 하나도.	1							
-		그러니까 아까 제가 나피해한테 사정을.		1						

질문		답변							
가게의 매출 중에서 순수입은 어느 정도인가요.	1	그리고 코로나 전에도 매출이. 이게 차 떼고 포 떼고 나면 순수입이 이게 6개월을 모으더라도 이게.	1			1			
		아니. 그러니까 그게 돈이 가게 돈만 가지고 갚는다기보다.		1					1
20-25% 정도입니다. 그러니까 평균 순수입 6개월 치를 합산하더라도 3천만원이 되지 않는 것이 사실입니다.	1	매출 중에 몇 프로가 남나요? 그러니까 순수입.	1						
		20에서 25프로 정도 된다고 보시면 됩니다.		1					
피의자는 원금이든, [⑨이자든, 또 다른 명목이든] 나피해에게 이 사건 차용금과 관련하여 반대급부를 지급한 사실이 있나요.	1	예예. 그러니까 그 사정은 자료를 좀 더 보면 되는 것이고. 중요한 건 돈을 하나도. 어쨌든 하나도 안 갚은 건 맞죠?	1						
없습니다.	1	예.		1					
가게 수입 이외의 자금으로 나피해에게 돈을 갚은 사실이 있나요.	1	다른 데서 돌려서 갚을 생각은 안 해보았나요?	1						
		돌려서?		1					
없습니다.	1	그러니까 누구한테 빌린다든지, 대출을 받는다든지.	1						
		아. 중간에 빌리려고 여기저기 부탁을 해봤죠. 그러니까 예전에 같이 직장 다니던 김금석이라는 친구하고 이은석이라는 친구, 그리고 박.		1		1			
		그러니까 어쨌든 돈을 못 빌렸으니까 고소인한테도 돈을 못 갚은 거잖아요? 빌렸어도 안 갚았으면 더 나쁜거고.	1						
		예예. 그렇죠.		1					

⑨이자든, 또 다른 명목이든		이자라도 좀 갚은 것도 없어요?	1						
		이자는. 이자는 원래.		1					
		아니 이자 안 받기로 한 건 아는데 어쨌든 약속을 그러니까 약속 위반을. 그러니까 뭐가 됐든 조금이라도 갚은 게 없다는 거잖아요?	1						
		예.		1					
재산은 얼마나 되나요.	1	재산은 얼마나 되나요?	1						
		재산이. 집이나 돈 이런 거 말씀이시죠?		1					
전세보증금 1억원과 5백만원 상당의 승용차[⑩(06로2000 소나타)] 한 대가 전부이며, 현금은 마이너스 상태입니다. 하지만 집은 저희 식구가 살아야 하고, 차는 저와 와이프가 출퇴근을 해야 하기 때문에 팔 수가 없었습니다.	1	예예. 그런 거.	1						
		아. 전세보증금 1억 있고요. 현금은 지금 거의 마이너스 상태.		1					
		전세보증금 외에는 없다? 차도 없어요?	1						
		차 있습니다.		1					
		시가가?	1						
		시가가. 중고로.		1					
		예. 중고로.	1						
		한 5백만원?		1					
		예. 전세보증금이 1억, 자동차가 5백. 그런데 갚지 않았다. 보증금을 빼는 건 어려웠을 거고. 차는요?		1					
		예? 차는 저랑 와이프 출퇴근용이고, 또 가격도 5백.		1					
		아아. 제가 뭐 차를 팔아라 말아라 이런 얘기는 아니고. 그러니까.	1						
		그거 팔면 장사를 더 못하죠. 영업시간이 줄어드니까.		1					
		어쨌든 그거 말고는 없었다?	1						
		예.		1					

−		그럼 결국 이게 코로나 때문이라는 건데, 아무리 그래도. 아 참 지금 대리 뛴다고 하였잖아요. 그럼 가게는 접은?	1						
−		아뇨. 가게가 잘 안 되니까 와이프 혼자서 하고 저는 주로 대리를 뛰고 있죠. 밤에 뛰면 피곤해서 낮에 가게 나가기도 힘들고.		1					
⑪포장 위주로 만두 가게를 운영하여 발생하는		아아. 가게가?	1						
		예? 만두집 합니다. 포장이 주로 많죠.		1					
피의자가 [⑫컴퓨터 포스에서 출력한] 매출장부 11매를 임의로 제출하므로, 본조서 말미에 첨부하고 계속하여 피의자를 신문한다.		아아. 만두집. 그럼 이게 답이 매출 줄어든 거 이거밖에 없네. 원래 매출도 그렇게 많지는 않았고 이게. 좀 더 검토해 보기로 하고. 참 장부 이거는 제출을 하시는 거죠. 저한테?	1						
		예예.		1					
피의자의 범죄경력에서 사기 전과가 확인되는데, 어떤 내용인가요?	1	근데 또 하나 문제가 사기 전과가 있으셔.	1						
		예? 그건 이거랑은 완전 다른 건데요. 그건 예전에.		1					
이 사건과는 전혀 무관한 별도의 차용 사기 사건입니다. ※ **피의자의 이종 전과에 관한 내용은 진단 범위에서 제외함.**	1	예예. 압니다. 제가 관련이 있다고는 말씀을 드리는 게 아니고, 아무래도 동종 전과가 있으면 좀 더 꼼꼼하게 살펴봐야 하니까 드리는 말씀. 그러니까. 그게.	1						
		예. 암튼 그건 다른 거.		1					
피의자의 계좌 내역 및 신용카드 사용내역을 제출할 의사가 있나요.	1	혹시 계좌내역이랑 신용카드 내역을 좀 제출해주실 수 있을까요.	1						
		그건 왜?		1					

아니요.	1	예. 다른 건 아니고 이게 돈을 한푼도 안 갚은 사안이다가 보니까 혹시 다른 데는 돈을 소비를 하면서 이 돈만.	1		1					
		가게 돌리고 생필품 하고 뭐 이런 데는 돈을 썼죠. 물론. 그럼 계좌내역이랑 카드 뭐 이런 걸 전부 다 달라는 말씀이신 건지.		1						
		예. 뭐 그건 저희가 강제할 수 있는 건 아니고, 그럼 이 사건은 매출장부만 가지고 혐의를 판단하는 걸로. 그렇게 하면 되겠죠?	1		1					
		예.		1						
③제 명의의 최고은행 123-456-78910-123 계좌로 송금받아		아 그리고 아까 3천만원 받은 계좌가.	1							
		최고은행 123 456 7890 123 이요.		1						
④(010-8282-8282)		예예. 그리고 김채권씨 그 확인서가 들어왔는데 혹시 연락처가.	1							
		010 8282 다시 8282. 참 그리고 아까 대리 사무실 주소가 아산시 대리운전로 111에 아산사랑 대리운전이고, 전화번호가 041 438에 8765입니다.		1						
①직장주소는 아산시 대리운전로 111 아산사랑 대리운전 ②직장전화 041-438-8765 ⑫컴퓨터 포스에서 출력한		예예. 직장주소는 아산시 대리운전로 111에 아산사랑 대리운전. 직장전화 041-438-8765. 그리고 참 이 매출장부 뽑으신 거 이게 뭐 엑셀 같은 걸로 하신 건가요? 아니면 그 컴퓨터 그러니까 주문 넣고 이런 자동으로 되는 컴퓨터.	1							
		포스가 다 있습니다. 그러니까 컴퓨터.		1						

⑩(06로2000 소나타)		예예. 그리고 그 차번호가.	1						
		제 차요?		1					
		예예.	1						
		06로2000 소나타입니다.		1					
⑦저뿐만 아니라 와이프도 같이		코로나 그거 확진증 있어요? 와이프는 안 걸리시고?	1						
		와이프도 같이 걸렸었어요. 일주일.		1					
⑧필요하시면 보건소에서 확진증을 받아서 제출하도록 하겠습니다.		확진증. 그거 제출해 주실 수가.	1						
		예. 보건소에서 받아서.		1					
–		조서는 이제 대충. 그 혹시 고소된 이후에 고소인하고 연락하거나 하신 거 있으세요?	1			1			
–		예. 형사님 전화 받고 연락해서 얘기 나눴죠.	1						
–		어떤 얘기?	1						
–		이렇게 고소하는 건 아닌 것 같다고 했더니 자기도 어쩔 수 없다고 했어요. 힘들다고.	1		1				
고소된 이후에 원금이든, 이자든, 또 다른 명목이든 나 피해에게 지급을 한 사실이 있나요.	1	–							1
없습니다.	1	–							
피의자의 진술을 종합하면, 피의자에게 변제 의사가 있었던 것은 틀림없어 보이나, 변제 능력, 즉 [⑪포장 위주로 만두 가게를 운영하여 발생하는] 수입만으로는 이 사건 차용금 3천만원을 갚을 수 있음이 불확실했던 것으로 보이는데, 어떤가요?	1	3천 빌리신 거 맞으시고, 원리금 안 갚으신 거 맞으시고, 또 다른 제출하실 건 없으시고, 변제 의사는 있으셨고, 변제 능력은 뭐 제가 좀 더 검토를. 예. 그럼 오늘 조사는 이정도로. 뭐 더 하실 말씀 있으실까요?	1					1	
예.	1								

진술	수	수	신문	수	수	1	2	3	4	5	6	7
참고로 더 할 말이 있나요.	1		못 갚은 건 맞지만 사기는 아닙니다. 그 친구 입장은 이해하지만 이건 명백히 민사예요. 형사님께서 잘 판단해 주셨으면 좋겠습니다.	1	1							
없습니다.	1											
이상의 진술이 사실인가요.	1		그건 있다가 자필로 쓰시면 되고. 예. 그럼 이제 이걸 좀 뽑아서. (출력 후) 읽어보시고 고칠 거 있으시면 말씀하세요.	1								
예.	1		예. (열람 후) 별로 고칠 건 없는 것 같아요.	1								
추가적으로 서면 의견이나 자료를 제출할 것인가요.	1		–									
아니요.	1		–									
위의 조서를 진술자에게 열람하게 하였던 바 진술한 대로 오기나 증감·변경할 것이 없다고 말하므로 간인한 후 서명날인하게 하다.			자 그럼 이제 간인을 좀 하시고. 여기. 그리고 여기. (간인 후) 여기에는 '예'라고 쓰시고, 그 밑에 '아니요', 그 밑에 '아니요', 여기에는 '예'라고 쓰시고, 여기에는 '없습니다'라고. 여기도. 성함도 좀. (자필 기재 및 서명 후) 아. 고생 많으셨습니다. 그럼 오늘 조사는 여기까지 하겠습니다.	1								
			예.	1								
	23	23		75	75	1	9	0	0	2	1	3

주. *왜곡: 1. 답변생략, 2. 문답생략, 3. 답변의 뚜렷한 조작, 4. 답변의 미묘한 조작, 5. 질문조작, 6. 문답추가, 7. 문답전환.

피의자신문조서 진단 의견서

변 호 인 의 견 서

사   건   2022고단1213 사기
피 고 인   안친구

위 사건에 관하여 피고인의 변호인은 다음과 같이 의견을 개진합니다.

다   음

1. 이 사건 공소사실의 요지

(생략)

2. 공소사실에 대한 인부

피고인은 2021. 7. 3. 고소인으로부터 금3,000만원을 차용한 후 변제 기일인 2021. 12. 31.까지 변제하지 못한 사실이 있으나, 이는 코로나 19 사태로 인한 가게 경영의 악화로 인한 것이고, 고소인도 이와 같은 사정을 잘 알고 있었던 바, 이 사건 공소사실을 부인합니다.

3. 공소사실에 대한 구체적 의견

(전략)

나. 피의자신문조서에는 마치 피고인이 변제 능력 없음에 대한 '미필적 고의'를 시인한 것처럼 기재되어 있으나, 이는 명백한 조서왜곡입니다.

수사관이 작성한 피의자신문조서를 보면, 마치 피고인이 변제 능력 없음에 대한 '미필적 고의'를 시인한 것처럼 기재되어 있으나(피의자신문조서 5면), 영상녹화물을 보면 피고인은 이와 같이 혐의를 시인한 사실이 결코 없습니다(영상녹화물 DVD 41:02). 해당 부분을 분석한 조서·영상 대비표는 다음과 같습니다.

<표 1> 조서·영상 대비표

조서	영상
피의자의 진술을 종합하면, 피의자에게 변제 의사가 있었던 것은 틀림없어 보이나, 변제 능력, 즉 포장 위주로 만두 가게를 운영하여 발생하는 수입만으로는 **이 사건 차용금 3천만원을 갚을 수 있음이 불확실했던 것으로 보이는데,** 어떤가요?	3천 빌리신 거 맞으시고, 원리금 안 갚으신 거 맞으시고, 또 다른 제출하실 건 없으시고, 변제 의사는 있으셨고, **변제 능력은 뭐 제가 좀 더 검토를.**
예.	−

이는 "어떤 질문의 전부 또는 일부를 실제와 다르게 조서에 기재"하는 형태의 조서왜곡, 즉 질문조작에 해당하며(이형근, 피의자 신문의 이론과 실제, 경인문화사, 2021, 218면), 법리와 법률용어를 잘 모르는 일반인이 쉽게 간파하기 어려운 유형의 조서왜곡입니다. 따라서 조서에 기재된 "예"라는 답변은 피고인의 진의가 아니라고 보아야 합니다.

또한, 수사관이 작성한 피의자신문조서를 보면, 피고인이 수차례 만두 가게의 매출이 적었다는 진술을 한 것처럼 기재되어 있으나(피의자신문조서 4면), 영상녹화물을 보면 이와 같은 발언은 모두 수사관에 의해 이루어진 것임을 알 수 있습니다(영상녹화물 DVD 30:43). 해당 부분을 분석한 조서·영상 대비표는 다음과 같습니다.

<표 2> 조서·영상 대비표

조서	영상
나피해로부터 빌린 돈을 갚았나요.	나피해에게 빌린 돈으로 김채권에게 빌린 돈을 갚았다. **돌려막기.** 그런데 나피해에게 빌린 돈은 못 갚았다. 그거잖아요?
갚지 못했습니다. 나피해에게 빌린 돈으로 김채권에게 빌린 돈을 갚는 방식으로 **돌려막기를 했는데,** 코로나 때문에 가게 매출이 줄고, 돈이 모자라서 갚지 못했습니다.	예예.
매출장부를 보면, 코로나 사태와 무관하게 매출이 그렇게 많지 않은 편이었는데, 어떤가요.	(매출장부 검토 후) 그 에 이게 근데 문제는 원래 매출을 봐도 **이게 딱 뭐 다 갚을 수 있었다 뭐 이런 정도가 아니라서.** 그리고 어쨌든 돈을 한푼도 안 갚은 거라서. 암튼 갚을 생각은 있었던 거다?
예. 맞습니다. 원래부터 매출이 많지 않아서 나피해로부터 **빌린 돈을 다 갚을 수 있는 정도는 아니었지만,** 갚을 생각이 없었던 것은 결코 아닙니다.	예예.
가게의 매출 중에서 순수입은 어느 정도인가요.	그리고 코로나 전에도 매출이. 이게 차 떼고 포 떼고 나면 순수입이 이게 **6개월을 모으더라도 이게.**
	아니. 그러니까 그게 돈이 가게 돈만 가지고 갚는다기보다.
20-25% 정도입니다. 그러니까 평균 순수입 **6개월치를 합산하더라도 3천만원이 되지 않는 것이 사실입니다.**	매출 중에 몇 프로가 남나요? 그러니까 순수입.
	20에서 25프로 정도 된다고 보시면 됩니다.

이는 "실제로는 질문한 내용임에도 답변한 것처럼 기재"하는 형태의 조서왜곡, 즉 문답전환에 해당하며(이형근, 피의자 신문의 이론과 실제, 경인문화사, 2021, 218 면), 대법원은 이 유형의 조서왜곡을 수사기관의 객관의무 위반으로 본 바 있습니다(대법원 2020. 4. 29. 선고 2015다224797 판결). 따라서 조서에 기재된 각 기재는 임의로 작성된 것이 아니라고 보아야 합니다.

다. 피의자신문조서에는 마치 피고인이 이 사건 차용금 변제를 위해 아무런 노력도 하지 않은 것처럼 기재되어 있으나, 이는 명백한 조서왜곡입니다.

수사관이 작성한 피의자신문조서를 보면, 마치 피고인이 만두 가게 운영이나 대리운전 이외에 이 사건 차용금 변제를 위해 다른 노력을 기울이지 않은 것처럼 되어 있으나, 영상녹화물을 보면 피고인은 다른 노력에 대해서 언급을 하였습니다(영상녹화물 DVD 32:23). 해당 부분을 분석한 조서·영상 대비표는 다음과 같습니다.

<표 3> 조서·영상 대비표

조서(없음)	영상
다른 변제 노력	그리고 코로나 전에도 매출이. 이게 차 떼고 포 떼고 나면 순수입이 이게 6개월을 모으더라도 이게.
	아니. 그러니까 그게 돈이 **가게 돈만 가지고 갚는다기보다.**
	그러니까 누구한테 빌린다든지, 대출을 받는다든지.
	아. 중간에 빌리려고 여기저기 부탁을 해봤죠. 그러니까 예전에 같이 직장 다니던 **김금석이라는 친구하고 이은석이라는 친구, 그리고 박.**

이는 "어떤 질문과 그 질문에 대한 답변을 함께 조서에서 생략"하는 형태의 조서왜곡, 즉 문답생략에 해당하며(이형근, 피의자 신문의 이론과 실제, 경인문화사, 2021, 218면), 이 부분은 피고인의 변제 의사와 능력을 판단하는 데 중요한 지점입니다.

피고인은 실제로 2021. 11. 11. 김금석 및 이은석에게 전화로, 2021. 11. 12. 박○○을 방문하여, 이 사건 차용금 변제를 위해 돈을 빌리고자 하였으며, 특히 박○○은 피고인에게 "정 안 되면 내가 대출이라도 좀 내 볼게"라고 말하였습니다(증 제2호증 박○○의 확인서).

라. 피의자신문조서에는 마치 피고인이 이 사건 차용금 미변제에 대하여 고소인에게 아무런 양해도 구하지 않은 것처럼 기재되어 있으나, 이는 명백한 조서왜곡입니다.

수사관이 작성한 피의자신문조서를 보면, 마치 피고인이 고소인에 일언반구도 없이 일체의 금원을 갚지 않은 것처럼 되어 있으나, 영상녹화물을 보면 <u>피고인은 고소인과 차용금 미변제 문제를 논의한 사실을 언급하였습니다</u>(영상녹화물 DVD 25:36, 39:11). 해당 부분을 분석한 조서·영상 대비표는 다음과 같습니다.

<표 4> 조서·영상 대비표

조서(없음)	영상
고소 전 고소인과 대화	갚지 않은 이유가 무엇인가요?
	그게. 갚으려고 했는데 돈이 모자라서 그래서 **나 피해한테 얘기를 해서.** 그러니까.
	나피해한테 얘기를 했어? 뭐라고요?
	좀 말미를 달라.
	좀 말미를 달라. 그랬더니?
	알았다고. 그런데 자기도 좀 요새 힘들다고.
고소 후 고소인과 대화	조서는 이제 대충. 그 혹시 **고소된 이후에 고소인하고 연락하거나 하신 거 있으세요?**
	예. 형사님 전화 받고 **연락해서 얘기 나눴죠.**
	어떤 얘기?
	이렇게 고소하는 건 아닌 것 같다고 했더니 **자기도 어쩔 수 없다고 했어요. 힘들다고**

이 부분도 문답생략에 해당하는데, <u>피고인의 변제 의사와 능력을 판단하는 데 특히 중요한 지점입니다.</u> 2021. 11. 14. 피고인과 고소인 간 전화통화에서 <u>고소인이 피고인에게 "다른 사람한테 빌려서 줄 것까지는 없다"라는 말을 했기 때문입니다</u>(증 제3호증 피고인의 통화내역).

2021. 11. 14. 피고인은 고소인으로부터 <u>이와 같은 말을 듣고, 박○○ 등에게 돈을 빌리려는 노력을 중단한 것입니다.</u> 그럼에도 불구하고 이에 관한 피고인의 진술이 조서에서 생략되었을 뿐만 아니라, <u>이 점에 대한 수사가 전혀 이루어지지 않아 이 사건이 기소되기에 이른 것입니다.</u>

마. 수사관 작성 피의자신문조서는 적법한 절차와 방식에 따라 작성된 것이 아
  닙니다.

내용뿐만 아니라 형식적인 측면에서도, 수사관 작성 피의자신문조서에는 다수
의 적법 절차·방식 위반이 있어 증거로 삼기가 부적합합니다. 첫째, 신문에
앞서 피고인에게 '피의사건의 요지를 고지'한 것으로 되어 있는데(피의자신문조서
1면), 영상녹화물을 보면 이와 같은 고지가 이루어진 바가 전혀 없습니다(영상
녹화물 DVD 04:21). 둘째, 조서 초안이 완성되면 이를 출력하여 읽도록 한 후
'진술한 대로 기재되지 아니하였거나 사실과 다른 부분의 유무'를 물어야 하는
데, 피의자신문조서를 보면 앞의 질문이 아예 이루어지지 않았음을 알 수 있습
니다. 이는 형사소송법 제244조 제2항에 명백하게 위배되는 조서 작성 방식입
니다. 셋째, 수사과정확인서의 다섯 번째 란은 피고인으로 하여금 자필로 기재
하게 하였어야 하는데, 수사과정확인서를 보면 이 부분이 타이핑으로 작성되어
있음을 알 수 있습니다. 이는 형사소송법 제244조의4 제2항에 명백하게 위배되
는 조서 작성 방식입니다.

바. 소결

수사관 작성 피의자신문조서는 적법한 절차와 방식에 따라 작성된 것이 아닐
뿐만 아니라 구성요건적 사실과 핵심적 정황에 관한 진술이 심각한 수준으로
왜곡되어 있어 이를 증거로 삼을 수 없습니다. 특히, "[조서에는] 피고인에 대
한 공소사실을 유죄로 인정하기 위한 구성요건적 사실이나 핵심적 정황에 관
한 사실들이 기재되어 있으나, 그 영상녹화물에는 위와 같은 진술이 없거나 그
내용이 다른 사실을 알 수 있는바 … 특히 신빙할 수 있는 상태 하에서 행하여
졌음이 증명된 때에 해당한다고 볼 수는 없다"라는 대법원 판결(대법원 2014. 8.
26. 선고 2011도6035 판결)을 고려하면, 수사 과정에서 이루어진 피고인의 진술은
본증, 탄핵증거, 조사자 증언 등 그 어떠한 형태로도 증거가 될 수 없습니다.

(후략)

증 거 자 료

1. 증 제1호증 조서·영상 대비표

2. 증 제2호증 박○○의 확인서

3. 증 제3호증 피고인의 통화내역

2022. 6.

위 피고인의 변호인

김이박 법무법인

담당변호사 김○○
담당변호사 이○○
담당변호사 박○○

우리지방법원 형사 1단독 귀중

진 술 조 서

성   명 : 오피해

주민등록번호 : 880808-2345678

직   업 : 회사원(제일기획)

주   거 : 서울시 금천구 가산동 123-45 오빌라 101호

등록기준지 : 불상

직 장 주 소 : 서울시 강남구 테헤란로 1234 제일빌딩 5층

연   락   처 : 자택전화 없음   휴대전화 010-2816-8808

           직장전화 불상   전자우편(e-mail) omg1004@hanmail.net

위의 사람은 안상사에 대한 강제추행 피의사건에 관하여 2022. 4. 11. 14:20 우리 경찰서 영상녹화실에 임의 출석하여 다음과 같이 진술하다.

1. 피의자와의 관계

    저는 안상사와와 직장 상하급자 관계에 있습니다.

1. 피의사실과의 관계

    저는 피의사실과 관련하여 피해자 자격으로서 출석하였습니다.

이 때 진술의 취지를 더욱 명백히 하기 위하여 다음과 같이 임의로 문답하다.

- 1 -

문 : 담당조사관으로부터 형사절차상 범죄피해자의 권리 및 지원정보에 대한 안내
　　서를 교부받고, 가해자로부터 보복범죄 우려 시 경찰에 신변보호를 요청할 수
　　있음을 안내받았나요.

답 : 예.

문 : 고소사실의 요지를 진술해보세요.

답 : 피의자는 저의 직장 상사인데 2022. 3. 12. 회사 인근 식당에서 저를 추행하였
　　고, 2022. 3. 21.에는 회사 사무실에서 저를 추행하는 등 총 2차례에 걸쳐 저
　　를 강제로 추행하여 고소를 하게 되었습니다.

문 : 2022. 3. 12. 회사 인근 식당에서 있었던 추행에 대해 자세히 진술해보세요.

답 : 2022. 3. 12. 18:00경 회사 인근에 있는 '자꾸자꾸' 라는 상호의 한식당에서
　　서로 마주 앉아서 밥을 먹다가 피의자가 갑자가 제 어깨에 손을 없는 방법으
　　로 저를 추행하였습니다.

문 : 밥은 누가 먹자고 한 것인가요.

답 : 토요일에 일을 한 거라서 저는 집에 간다고 했는데 굳이 피의자가 같이 밥을
　　먹자고 하였습니다.

문 : 피의자가 어떻게 진술인의 옆으로 왔나요.

답 : 자리에서 일어나서 테이블을 돌아 제 옆으로 왔습니다.

문 : 계속 말해보세요.

답 : 제 옆으로 와서 저의 동의도 없이 피의자의 오른 손으로 저의 오른쪽 어깨를 이렇게 어깨동무 하는 것처럼 팔을 저의 목 뒤로 돌려서 만지는 동작이었습니다.

문 : 진술인은 어떻게 대응을 하였나요.

답 : "왜 그러시냐" 라고 하면서 몸을 돌려 피의자의 손을 떼려고 하였습니다.

문 : 피의자가 손을 떼던가요.

답 : 예.

문 : 식당에서 더 이상이 추행은 없었나요.

답 : 예. 그리고는 식당에서 나와 피의자는 사무실로 갔고, 저는 퇴근을 했습니다.

문 : 2022. 3. 21. 회사 사무실서 있었던 추행에 대해 자세히 진술해보세요.

답 : 2022. 3. 21. 18:20경 회사 사무실에서 피의자가 일을 하고 있던 제 뒤로 가다 와서 갑자가 양 팔로 저를 껴안는 방법으로 저를 추행하였습니다.

문 : 당시 사무실에는 아무도 없었나요.

답 : 퇴근 후라 아무도 없었습니다.

문 : 진술인과 피의자의 자리가 가까웠나요.

답 : 피의자가 과장이라서 사무실 가운데 안쪽에 있고, 양쪽에 직원들 자리가 있는데 저와 피의자 사이에 다른 직원 두 명의 자리가 있는 그런 구조입니다.

- 3 -

이때 진술인이 사무실 자리 배치도를 임의로 작성하여 제출하므로 본 조서 말미에
   첨부하고, 계속하여 진술인과 문답하다.

문 : 당시 사무실 문은 닫혀 있었나요.

답 : 잠그지는 않았지만 닫혀 있었습니다.

문 : 진술인은 어떻게 대응을 하였나요.

답 : "지난 번에도 그러시더니 자꾸 왜 그러시냐" 라고 하면서 저의 양 팔꿈치를
   이렇게 들어 올리면서 동시에 일어나며 몸을 돌리는 방법으로 피의자의 팔을
   풀려고 하였습니다.

문 : 피의자가 손을 풀던가요.

답 : 예.

문 : 당시 피의자의 완력이 어느 정도였나요.

답 : 반항이 완전히 불가능할 정도는 아니었지만 양 팔꿈치를 들어 올리는 것만으
   로는 팔이 풀리지 않고, 몸도 함께 비틀어야 팔이 풀릴 정도의 상당한 완력이
   었습니다.

문 : 사무실에서 더 이상이 추행은 없었나요.

답 : 예. 그리고 나서 저는 5분에서 10분 정도 더 일을 하다가 퇴근을 하였습니다.

문 : 곧바로 퇴근하지 않은 이유가 무엇인가요.

답 : 다른 직원들이 다시 사무실에 올 수도 있는 상황이었으므로 피의자가 더 이

상 추행을 할 것으로 생각하지는 않았습니다. 일이 거의 마무리 직전이었기 때문에 그것만 마무리하고 퇴근한 것입니다.

문 : 처음 추행을 당했을 때 즉시 고소하지 않은 이유가 무엇인가요.

답 : 처음엔 그냥 넘어 가려고 했는데, 추가로 추행을 하므로, 앞으로도 지속될 우려가 있어서 고소하였습니다. 또한, 다시 생각해보니 성적수치심도 들었고, 상사인 피의자가 저에게 인사상 불이익을 주지 않을까 우려도 되어서 이렇게 고소를 하게 되었습니다.

문 : 평소 진술인과 피의자의 관계는 어떠했나요.

답 : 무난한 관계였습니다.

문 : 피의자가 진술인을 추행한 동기가 뭐라고 생각하나요.

답 : 모르겠습니다.

문 : 고소 이후 피의자와 만나거나 통화한 사실이 있나요.

답 : 이후에 퇴사를 해서 없습니다.

문 : 이 사건 때문에 퇴사를 한 것인가요.

답 : 예.

문 : 피의자로부터 사과나 보상을 받은 사실이 있나요.

답 : 없습니다.

문 : 피의자에 대한 처벌을 원하나요.

- 5 -

답 : 예.

문 : 진술인은 실제로 피해를 입지 않았음에도 불구하고 피의자를 불리하게 하기
    위해 진술하거나, 타인의 강요 또는 부탁을 받고 고소한 것은 아닌가요.

답 : 예.

문 : 이상의 진술이 사실인가요.

답 : 예.

문 : 참고로 더 할 말이 있나요.

답 : 없습니다.

문 : 추가적으로 서면 의견이나 자료를 제출할 것인가요.

답 : 아니요.

위의 조서를 진술자에게 열람하게 하였던 바 진술한 대로 오기나 증감·변경
할 것이 없다고 말하므로 서명날인하게 하다.

진 술 자   오 피 해

변 호 사   김 변 신

2022. 4. 11.

사법경찰관 경감   금 반 형 [인]

<table>
<tr><td colspan="2" align="center">수 사 과 정 확 인 서</td></tr>
<tr><td align="center">구 분</td><td align="center">내 용</td></tr>
<tr><td>1. 조사 장소 도착시각</td><td>2022. 4. 11. 14:00</td></tr>
<tr><td>2. 조사 시작시각 및 종료시각</td><td>☐ 시작시각 : 2022. 4. 11. 14:20
☐ 종료시각 : 2022. 4. 11. 15:40</td></tr>
<tr><td>3. 조서열람 시작시각 및 종료시각</td><td>☐ 시작시각 : 2022. 4. 11. 15:40
☐ 종료시각 : 2022. 4. 11. 15:55</td></tr>
<tr><td>4. 기타 조사과정 진행경과 확인에 필요한 사항</td><td>없음</td></tr>
<tr><td>5. 조사과정 기재사항에 대한 이의 제기나 의견진술 여부 및 그 내용</td><td>없음.</td></tr>
</table>

2022. 4. 11.

　사법경찰관 경감 금반형은 오피해를 조사한 후, 위와 같은 사항에 대해 오피해로부터 확인받음

확 인 자　　　　오피해 (인)

사법경찰관　　경감　　**금반형** (인)

진술녹취록

- 영상녹화 시작 -

문 안녕하세요. 오피해씨죠? 같이 오신 분은 변호사님? 예. 반갑습니다.

답 예예.

문 지금 영상녹화 중이고요. 영상녹화 하는 거 괜찮으시죠?

답 예.

문 먼저 인적사항 확인을 좀 해야 되는데, 제가 고소장을 기준으로 좀 작성을 할게요.

답 예.

문 (작성 중에) 여기 등록기준지랑 자택전화, 직장전화, 그리고 어 이메일도 없네요.

답 집엔 전화가 없고, 직장전화는.

답 (변호사) 핸드폰만 해도 되죠?

문 예예. 그럼 핸드폰만. 이메일은?

답 omg1004@hanmail.net이예요.

문 예. 인적사항은 다 됐고, 이제 조사를. 안상사씨를 고소하셨어요. 강제추행으로. 안상사씨가 직장 상사분인가요?

답 예. 과장요. 저는 대리.

문 피해자 자격으로 조사받으시는 거고. (출력 후) 먼저 이것 좀 읽어보시고, 신변보호 같은 거 할 수 있다 뭐 이런 내용들. 조사 끝나고 한번 천천히 읽어보세요.

답 예.

문 고소장을 보면 추행을 두 번 당하신 걸로 되어 있어요. 한 번은 식당에서, 한 번은 사무실에서.

답 예.

문 두 번 당하신 거 맞고, 그럼 이 두 개를 나눠서 하나씩. 먼저, 식당 꺼. 그런데 그 이전에는 이런 일이 없었나요? 아니 뭐 비슷한 거라도. 치근덕거린다거나?

답 이전에는 없었어요.

문 예. 아. 그럼 다시 식당 꺼. 식당이 어디죠? 회사 근처?

답 예. 회사 근처에 있는 자꾸자꾸 식당이요.

문 뭐 파는?

답 한식집. 밥도 팔고 찌개도 팔고.

문 예. 한식집. 그날은 뭐 드셨어요?

답 두부찌개 먹었어요.

문 술은?

답 술은 안 마셨어요. 저는.

문 그럼 그때 시간이 몇 시쯤이었나요?

답 그게 오후. 그러니까. 저녁은 아니고.

문 고소장을 보면 18시경 이렇게 되어 있어요. 맞나요?

답 예예.

문 식당엔 누가 같이 가자고 한 건가요?

답 그분이요. 그날 토요일에 일은 한 거라서 저는 집에.

문 오피해씨는 집에 간다고 했는데 굳이 피의자가 밥을 먹자고 했다?

답 그건 아니지만 뭐 그 비슷한.

문 자 이제 고소장을 보면, 서로 마주 앉아서 밥을 먹다가 피의자가 오피해씨 쪽으로 옮겨 앉았다 이렇게 되어 있어요. 그럼 자리에서 일어나서 테이블을 돌아서 오피해씨 옆으로 온 거네요.

답 예.

문 의자가 긴 벤치 모양?

답 아뇨. 동그란.

문 아. 벤치 모양 아니고, 각각 동그란 의자.

답 예.

문 고소장을 보면 피의자가 오른 손으로 오피해씨 오른쪽 어깨에 손을 얹었다 이렇게 되어 있어요. 그럼 이게 어깨동무 하는 것처럼 이렇게 목 뒤로 팔을 둘러서 손을 어깨를 만지는 뭐 그런 동작이었나요?

답 예.

문 동의도 없이?

답 예예.

문 피의자가 오피해씨 쪽으로 올 때 이상하다는 생각은 안 했나요?

답 뭐. 그냥 왜 이러나?

문 오피해씨는 어떻게 했나요?

답 언제? 올 때?

문 아니요. 어깨에 손을.

답 아. 제가 왜 그러시냐고 했죠.

문 그랬더니?

답 뭐 그냥 은근슬쩍 뭐라고 했던 것 같은데, 기억이 잘.

문 그랬더니 손을 떼던가요?

답 예.

문 왜 그랬는지 물어봤나요?

답 그것도 뭐라고 했는데, 기억이 잘. '나쁜 뜻은 아니다' 이것만 기억나요. 사
   실 제가 한 번만 그랬으면 신고를 안 하려고 했기 때문에 처음 거는 크게
   신경을 안 썼어요. 그래서 기억이.

문 암튼 피의자가 '나쁜 뜻은 아니다'라고 했다는 거죠?

답 그랬던 것 같아요.

문 고소장을 보면, 오피해씨가 몸을 돌려서 손을 떼려고 했다고 되어 있는데,
   맞나요?

답 아. 맞아요. 몸도 돌리고.

문 그러고는요?

답 그러고는.

문 피의자가 그 이후에도 계속 오피해씨 옆에 앉아 있었나요?

답 예. 좀 서먹하게.

문 피의자에게 자리로 돌아가라고 하였나요?

답 아뇨. 그냥 밥을 거의 다 먹었을 때라.

문 추행 직후 곧바로 식당에서 나온 건가요?

답 아뇨. 좀 더 있다가.

문 그럼 식당에서 나올 때까지 피의자가 오피해씨 옆에 있었다?

답 예.

문 추가로 추행을 하지는 않았나요?

답 예.

문 좀 더 있은 시간이 어느 정도?

답 몰라요. 길지는 않아요. 남은 음식을 잠시 먹는 정도의 시간?

문 암튼 식당에서의 추행은 한 번이었네요? 그리고 아까 식당 안, 그러니까 그쪽을 비추는 CCTV는 없다고 하셨고.

답 예예.

문 식당에서 나와서는요?

답 그분은 일이 남아서 사무실로 갔고, 저는 일이 끝나서 집으로 가야 했는데, 사무실에 책을 놓고 와서 잠깐 사무실 들렀다 집에 갔어요.

문 무슨 책을?

답 그냥 지하철 안에서 읽는 책. 소설 책.

문 사무실까지는 피의자와 함께 갔나요?

답 예. 그분이 먼저 가고, 저는 좀 있다. 아니 좀 뒤쪽에서.

문 자. 그럼 이제 두 번째 걸로 좀 넘어 갈게요. 대충 뭐 하는 수법이 비슷한 것 같으니까 이번에는 좀 정리를 해서. 이번엔 사무실이에요. 사무실 주소는 아까 말씀 안 하신다고.

답 (변호사) 그건 범죄사실에 들어가니까.

문 아. 그럼 주소가? 사무실.

답 서울시 강남구 테헤란로 1234번지 제일빌딩 5층 제일기업이요.

문 제일기업. 뭐 하는 회사인지.

답 인쇄업이예요. 홍보책자, 브로셔, 뭐 이런 거 만드는.

문 예. 인쇄업. 고소장을 보면, 2022년 3월 21일 18시 20분경 회사 사무실에서 일을 하고 있는 피해자에게 갑자기 피의자가 다가와 양팔로 피해자를 껴안았다. 이로써 피의자가 피해자를 강제추행하였다. 이렇게 되어 있는데, 맞죠?

답 예예.

문 당시 사무실에는 피의자와 오피해씨 둘만 있었나요?

답 예.

문 다른 사람들은요?

답 다들 퇴근하거나 저녁 먹으러.

문 피의자와 오피해씨는 왜 사무실에 남아 있었나요?

답 그분은 모르겠고, 저는 곧 퇴근할 예정이라 밥 먹으로 안 갔죠.

문 사무실에 CCTV 같은 게 있나요?

답 없을 걸요.

문 그럼 아무도 본 사람이 없겠네요?

답 예.

문 사무실이 넓은 편인가요?

답 넓지는 않아요. 일곱 명이 근무하는 20평 정도?

문 피의자의 자리가 오피해씨 자리와 가깝나요?

답 (변호사) 그림으로 하는 게.

문 사무실 그림 한번 그려 주시겠어요. 자리 위주로.

답 예. (그림 그린 후) 여기요.

문 아. 이게 피의자가 과장이라서 중간에 있고, 그 옆으로 직원들이 쭉 있는 형태네요. 두 줄로.

답 예.

문 오피해씨 자리는 여기니까 어쨌든 바로 옆 자리는 아니고, 그 사이에 다른 직원 두 명이 있는 그런.

답 예.

문 아까 이전에는 이런 적이 없다고 하셨고. 그럼 사무실에서 다른 뭐 괴롭힘 이나 또는 그 성희롱 같은.

답 없었어요.

문 평소에 피의자가 다른 직원들 자리에도 잘 가는 편이었나요?

답 보통은 저희가 결재를 가죠. 과장님 자리에. 간단한 검토를 해주실 때는 과 장님이 저희 자리에 오시기도 하고요.

문 당시 사무실 문은 닫혀 있었나요?

답 퇴근을 안 했으니까 잠그지 않았죠.

문 아니. 잠그는 거 말고 닫는 거.

답 아. 닫는 거. 글쎄요. 보통은 닫아 놓으니까 닫혀 있지 않았을까요?

문 아무래도 문이 열려 있는데 그렇게 하기는 좀. 추행을.

답　예.

문　오피해씨는 어떻게 했나요?

답　예?

문　피의자가 추행을 할 때 어떻게 대응을.

답　아. 지난 번에도 그러시더니 자꾸 왜 이러시냐고.

문　그랬더니 피의자가 팔을 풀던가요?

답　처음에는 뭐라고 하다가 그 이후엔 풀었어요.

문　뭐라고 하던가요?

답　사실은 저를 좋아한다고 했어요.

문　그래서요?

답　뭐. 그건 아닌 것 같다. 그렇게 말씀드렸죠.

문　그랬더니요?

답　잠시 후에 팔을.

문　고소장을 보면, 오피해씨가 피의자의 팔을 뿌리쳤다고 되어 있는데, 맞나요?

답　예예.

문　뒤에서 껴안는 사람의 팔을 어떻게 뿌리쳤다는 건가요?

답　(변호사) 아. 그건 이렇게 양 팔꿈치를 들어 올리면서 몸을 비틀어서 팔이 풀리도록 했다 뭐 이런 의미예요. 저는 그렇게 이해를.

문　예예. 그런 의미에서 뿌리쳤다? 그럼 피의자가 오피해씨가 반항할 수 없도록 또는 현저히 곤란할 정도로 껴안은 것은 아니네요?

답　(변호사) 강제추행이 원래 반항이 곤란할 정도는 아니어도 되는.

문　예예. 맞아요. 저도 알아요. 그럼 뭐 이 경우는 양 팔꿈치를 들어 올리는 것만으로는 팔이 풀리지 않고, 몸도 함께 비틀어야 팔이 풀릴 정도의 완력이 있었다. 뭐 이렇게 정리하면 되겠네요?

답　예예.

문　껴안은 것이 한 번 이었나요?

답　예.

문　이후 피의자는 자리로 돌아갔나요?

답　예.

문 아무 말도 없이요?

답 예.

문 오피해씨는 어떻게 했나요?

답 예?

문 사무실에 계속 있었나요?

답 아뇨. 퇴근을 했죠. 조금 있다가.

문 조금? 얼마나?

답 5분? 10분?

문 곧바로 퇴근하지 않은 이유가?

답 일이 덜 끝났으니까. 일이.

문 피의자가 재차 추행할 것이라는 생각은 안 했나요?

답 사무실이니까.

문 사무실이니까 다시 그러지는 않을 거라고 생각했다? 또 밥 먹으러 간 직원들이 돌아올 수도 있고?

답 예예.

문 피의자는 오피해씨가 퇴근할 때까지 사무실에 있었나요?

답 예.

문 에. 이 정도면 된 것 같고요. 그. 이 두 번째 사건 이후에 또 추행이 있거나 하지는 않았나요?

답 예.

문 그럼 첫 번째 추행은 그냥 넘어가려고 했는데, 두 번째 또 추행을 해서 고소를 하게 되었다는 말인가요? 앞으로 또 그러지 말라는 보장도 없고?

답 예.

답 (변호사) 생각해 보니 성적추치심도 들고. 인사상 불이익도 겁나고.

문 예예. 그럴 수 있죠. 충분히. 평소 피의자와의 관계는 어땠나요?

답 저?

문 예예. 피의자와 오피해씨의 관계.

답 이 사건 있기 전까지는 잘 지냈어요. 무난한 관계? 그분이 일도 잘 하시고 직원들 사이에서 신망도 높으신 분인데, 왜 저한테 이러시는지 몰라요.

문 그럼 오피해씨가 무고할 동기는 없는 거고. 암튼 추정이지만 아무래도 피의자가 오피해씨를 좋아하는 마음에 그랬을 수 있겠네요. 말씀을 들어보니까.

답 아마도.

문 고소 이후에 피의자와 연락한 적 있나요?

답 이틀인가 삼일인가 뒤에 퇴사했고, 그 이후엔 없어요.

문 이 사건 때문에 퇴사를 한 건가요?

답 좀 복합적인데, 이 사건 때문도 있겠죠.

문 피의자와 연락한 건 없으시고. 피의자로부터 금전적 보상을 받은 것 있나요?

답 없어요.

문 피의자에 대한 처벌을 원하나요?

답 예.

문 잠시만요. 검토 좀 하고요. (검토 후) 여기. 그러니까 아까 의자가 이렇게 돌아가는 회전의자? 아니면 고정식?

답 회전식이요.

문 그래. 요즘은 다 회전의자죠. 그럼 자리에서 앉아서 몸을 돌린 거? 아님 일어서면서?

답 그게.

문 아마. 확 이렇게 양팔꿈치를 펴면서 동시에 일어나면서 몸을 돌렸으니까 팔이 풀렸겠지. 남자 팔이.

답 그랬던 듯.

문 다 됐고. 진술인은 실제로 피해를 입지 않았음에도 불구하고 피의자를 불리하게 하기 위해 진술하거나, 타인의 강요 또는 부탁을 받고 고소한 것은 아닌가요?

답 무슨?

답 (변호사) 이건 다 묻는 거. 형식적인 거.

답 예예. 아니. 아니요.

문 이상의 진술이 사실인가요? 이거 있다가 직접 쓰시고. 참고로 더 사실 말씀도. 추가 의견이나 자료 없으시죠?

답 예.

문　있다가 자필로 좀 써주시고. 그럼 출력을. 이렇게. (출력 후) 읽어보시고, 변호사님도 같이. 수정할 거나 뭐 있으시면 얘기해 주세요. 제가 거의 그 대로 치는 편이라 별로 많지는 않을 거고.

답　예. (열람 후) 이거. 여기 이거는 이삼분 정도로 이렇게 고칠게요.

문　아. 그 부분. 안 그래도 너무 오래 계셨다 했어. 이건 그럼 두 줄 긋고 직접 수정을 하세요. 그럼.

답　예. (수정 후) 여기요.

문　또 있나요?

답　없어요.

문　자 그럼 간인을 좀 하겠습니다. 여기, 여기, 여기 … (간인 후) 자필 기재도 좀 하겠습니다. 예, 아니요, 예, 예, 아니요, 아니요, 이름, 없습니다, 변호사 님도 여기 서명. (자필 기재 및 서명 후) 아이고 조사 받으시느라 수고 많으셨습니다. 조사 끝낼게요. 그럼.

답　예.

- 영상녹화 종료 -

피해자조사 조서·영상 대비표

조서		영상		왜곡*						
				1	2	3	4	5	6	7
–		안녕하세요. 오피해씨죠? 같이 오신 분은 변호사님? 예. 반갑습니다.	1							
–		예예.		1						
–		지금 영상녹화 중이고요. 영상녹화 하는 거 괜찮으시죠?	1							
–		예.		1						
위의 사람은	1	먼저 인적사항 확인을 좀 해야 되는데, 제가 고소장을 기준으로 좀 작성을 할게요.	1							
		예.		1						
성명 : 오피해 주민등록번호 : 880808-2345678 [①직업 : 회사원(제일기획)] 주거 : 서울시 금천구 가산동 123-45 오빌라 101호 등록기준지 : 불상 [②직장주소 : 서울시 강남구 테헤란로 1234 제일빌딩 5층] 연락처 : 자택전화 없음 휴대전화 010-2816-8808 직장전화 불상 전자우편(e-mail) omg1004@hanmail.net	1	(작성 중에) 여기 등록기준지랑 자택전화, 직장전화, 그리고 어 이메일도 없네요.	1							
		집엔 전화가 없고, 직장전화는. (변호사) 핸드폰만 해도 되죠?		1						
		예예. 그럼 핸드폰만. 이메일은?	1							
		omg1004@hanmail.net이예요.		1						
피의자와의 관계	1	예. 인적사항은 다 됐고, 이제 조사를. 안상사씨를 고소하셨어요. 강제추행으로. 안상사씨가 직장 상사분인가요?	1							
저는 안상사와 직장 상하급자 관계에 있습니다.	1	예. 과장요. 저는 대리.		1						

질문/진술		답변/진술									
피의사실과의 관계	1	피해자 자격으로 조사받으시는 거고 (출력 후) 먼저 이것 좀 읽어보시고, 신변보호 같은 거 할 수 있다 뭐 이런 내용들. 조사 끝나고 한번 천천히 읽어보세요.	1								
저는 피의사실과 관련하여 피해자 자격으로서 출석하였습니다.	1										
담당조사관으로부터 형사절차상 범죄피해자의 권리 및 지원정보에 대한 안내서를 교부받고, 가해자로부터 보복범죄 우려 시 경찰에 신변보호를 요청할 수 있음을 안내받았나요.	1	예.	1								
예.	1										
고소사실의 요지를 진술해보세요.	1	고소장을 보면 추행을 두 번 당하신 걸로 되어 있어요. 한 번은 식당에서, 한 번은 사무실에서.	1								
피의자는 저의 직장 상사인데 2022. 3. 12. 회사 인근 식당에서 저를 추행하였고, 2022. 3. 21.에는 회사 사무실에서 저를 추행하는 등 총 2차례에 걸쳐 저를 강제로 추행하여 고소를 하게 되었습니다.	1	예.	1							1	
–		두 번 당하신 거 맞고, 그럼 이 두 개를 나눠서 하나씩. 먼저, 식당 꺼. 그런데 그 이전에는 이런 일이 없었나요? 아니 뭐 비슷한 거라도. 치근덕거린다거나?	1				1				
–		이전에는 없었어요		1							
2022. 3. 12. 회사 인근 식당에서 있었던 추행에 대해 자세히 진술해보세요.	1	예. 아. 그럼 다시 식당 꺼. 식당이 어디죠? 회사 근처?	1								
		예. 회사 근처에 있는 자꾸자꾸 식당이요.		1							
		뭐 파는?	1								

		한식집. 밥도 팔고 찌개도 팔고.	1					
		예. 한식집. 그날은 뭐 드셨어요?	1					
		두부찌개 먹었어요.		1				
2022. 3. 12. 18:00경 회사 인근에 있는 '자꾸자꾸'라는 상호의 한식당에서 [③서로 마주 앉아서 밥을 먹다가 ④피의자가 갑자가 제 어깨에 손을 얹는 방법으로] 저를 추행하였습니다.	1	술은?	1					
		술은 안 마셨어요. 저는.	1					
		그럼 그때 시간이 몇 시쯤이었나요?	1					
		그게 오후. 그러니까. 저녁은 아니고		1				
		고소장을 보면 18시경 이렇게 되어 있어요. 맞나요?	1					1
		예예.		1				
밥은 누가 먹자고 한 것인가요.	1	식당엔 누가 같이 가자고 한 건가요?	1					
		그분이요. 그날 토요일에 일은 한 거라서 저는 집에.		1				
토요일에 일을 한 거라서 저는 집에 간다고 했는데 굳이 피의자가 같이 밥을 먹자고 하였습니다.	1	오피해씨는 집에 간다고 했는데 굳이 피의자가 밥을 먹자고 했다?	1			1		1
		그건 아니지만 뭐 그 비슷한.	1					
피의자가 어떻게 진술인의 옆으로 왔나요.	1	자 이제 고소장을 보면, 서로 마주 앉아서 밥을 먹다가 피의자가 오피해씨 쪽으로 옮겨 앉았다 이렇게 되어 있어요. 그럼 자리에서 일어나서 테이블을 돌아서 오피해씨 옆으로 온 거네요.	1					1
자리에서 일어나서 테이블을 돌아 제 옆으로 왔습니다. ③서로 마주 앉아서 밥을 먹다가	1	예.	1					
–		의자가 긴 벤치 모양?	1					
–		아뇨. 동그란.	1					

–		아. 벤치 모양 아니고, 각각 동그란 의자.	1						
–		예.		1					
계속 말해보세요.	1	고소장을 보면 피의자가 오른 손으로 오피해씨 오른쪽 어깨에 손을 얹었다 이렇게 되어 있어요 그럼 이게 어깨동무 하는 것처럼 이렇게 목 뒤로 팔을 돌려서 손을 어깨를 만지는 뭐 그런 동작이었나요?	1						
		예.		1					1
제 옆으로 와서 저의 동의도 없이 피의자의 오른 손으로 저의 오른쪽 어깨를 이렇게 어깨동무 하는 것처럼 팔을 저의 목 뒤로 돌려서 만지는 동작이었습니다. ④피의자가 갑자가 제 어깨에 손을 얹는 방법으로	1	동의도 없이?	1						
		예예.		1					
–		피의자가 오피해씨 쪽으로 올 때 이상하다는 생각은 안 했나요?	1						
–		뭐. 그냥 왜 이러나?		1					
진술인은 어떻게 대응을 하였나요	1	오피해씨는 어떻게 했나요?	1						
		언제? 올 때?		1					
"왜 그러시냐"라고 하면서 [⑤몸을 돌려 피의자의 손을 떼려고 하였습니다.]	1	아니요. 어깨에 손을.	1						
		아. 제가 왜 그러시냐고 했죠.		1					
		그랬더니?	1						
		뭐 그냥 은근슬쩍 뭐라고 했던 것 같은데, 기억이 잘.		1					
피의자가 손을 떼던가요	1	그랬더니 손을 떼던가요?	1						
예.	1	예.		1					

–		왜 그랬는지 물어봤나요?	1						
–		그것도 뭐라고 했는데, 기억이 잘. '나쁜 뜻은 아니다' 이것만 기억나요. 사실 제가 한 번만 그랬으면 신고를 안 하려고 했기 때문에 처음 거는 크게 신경을 안 썼어요. 그래서 기억이.		1	1				
–		암튼 피의자가 '나쁜 뜻은 아니다'라고 했다는 거죠?	1						
–		그랬던 것 같아요.		1					
–		고소장을 보면, 오피해씨가 몸을 돌려서 손을 떼려고 했다고 되어 있는데, 맞나요?	1						1
⑤몸을 돌려 피의자의 손을 떼려고 하였습니다.		아. 맞아요. 몸도 돌리고		1					
–		그러고는요?	1						
–		그러고는.		1					
–		피의자가 그 이후에도 계속 오피해씨 옆에 앉아 있었나요?	1		1				
–		예. 좀 서먹하게.		1					
–		피의자에게 자리로 돌아가라고 하였나요?	1						
–		아뇨. 그냥 밥을 거의 다 먹었을 때라.		1	1				
–		추행 직후 곧바로 식당에서 나온 건가요?	1						
–		아뇨. 좀 더 있다가.		1	1				
–		그럼 식당에서 나올 때까지 피의자가 오피해씨 옆에 있었다?	1						
–		예.		1	1				
식당에서 더 이상이 추행은 없었나요.	1	추가로 추행을 하지는 않았나요?	1						

예. [⑥그리고는 식당에서 나와 피의자는 사무실로 갔고, 저는 퇴근을 했습니다.]	1	예.	1			
–		좀 더 있은 시간이 어느 정도?	1			
–		몰라요. 길지는 않아요. 남은 음식을 잠시 먹는 정도의 시간?	1			
–		암튼 식당에서의 추행은 한 번이었네요? 그리고 아까 식당 안, 그러니까 그쪽을 비추는 CCTV는 없다고 하셨고	1			
–		예예.	1			
–		식당에서 나와서는요?	1			
⑥그리고는 식당에서 나와 피의자는 사무실로 갔고, 저는 퇴근을 했습니다.		그분은 일이 남아서 사무실로 갔고, 저는 일이 끝나서 집으로 가야 했는데, 사무실에 책을 놓고 와서 잠깐 사무실 들렀다 집에 갔어요.	1	1		
–		무슨 책을?	1			
–		그냥 지하철 안에서 읽는 책. 소설 책.	1		1	
–		사무실까지는 피의자와 함께 갔나요?	1			
–		예. 그분이 먼저 가고, 저는 좀 있다. 아니 좀 뒤쪽에서.	1			
–		자. 그럼 이제 두 번째 걸로 좀 넘어 갈게요. 대충 뭐 하는 수법이 비슷한 것 같으니까 이번에는 좀 정리를 해서. 이번엔 사무실이에요. 사무실 주소는 아까 말씀 안 하신다고	1			
–		(변호사) 그건 범죄사실에 들어가니까.	1			
–		아. 그럼 주소가? 사무실.	1			
②직장주소 : 서울시 강남구 테헤란로 1234 제일빌딩 5층		서울시 강남구 테헤란로 1234번지 제일빌딩 5층 제일기업이요.	1			

		제일기업. 뭐 하는 회사인지.	1								
–											
①직업 : 회사원(제일기획)		인쇄업이예요. 홍보책자, 브로셔, 뭐 이런 거 만드는.		1							
2022. 3. 21. 회사 사무실서 있었던 추행에 대해 자세히 진술해보세요.	1	예. 인쇄업. 고소장을 보면, 2022년 3월 21일 18시 20분경 회사 사무실에서 일을 하고 있는 피해자에게 갑자기 피의자가 다가와 양팔로 피해자를 껴안았다. 이로써 피의자가 피해자를 강제추행하였다. 이렇게 되어 있는데, 맞죠?		1							1
2022. 3. 21. 18:20경 회사 사무실에서 피의자가 일을 하고 있던 제 뒤로 가다와서 갑자가 양 팔로 저를 껴안는 방법으로 저를 추행하였습니다.	1	예예.		1							
당시 사무실에는 아무도 없었나요.	1	당시 사무실에는 피의자와 오피해씨 둘만 있었나요?	1								
		예.		1			1				
퇴근 후라 아무도 없었습니다.	1	다른 사람들은요?	1								
		다들 퇴근하거나 저녁 먹으러.		1							
–		피의자와 오피해씨는 왜 사무실에 남아 있었나요?	1								
–		그분은 모르겠고, 저는 곧 퇴근할 예정이라 밥 먹으로 안 갔죠.		1							
–		사무실에 CCTV 같은 게 있나요?	1								
–		없을 걸요.		1							
–		그럼 아무도 본 사람이 없겠네요?	1								
–		예.		1							
–		사무실이 넓은 편인가요?	1								

–		넓지는 않아요. 일곱 명이 근무하는 20평 정도?	1				
진술인과 피의자의 자리가 가까웠나요.	1	피의자의 자리가 오피해씨 자리와 가깝나요?	1				
		(변호사) 그림으로 하는 게.	1				
피의자가 과장이라서 사무실 가운데 안쪽에 있고, 양쪽에 직원들 자리가 있는데 저와 피의자 사이에 다른 직원 두 명의 자리가 있는 그런 구조입니다. **이때 진술인이 사무실 자리 배치도를 임의로 작성하여 제출하므로 본 조서 말미에 첨부하고, 계속하여 진술인과 문답하다.**	1	사무실 그림 한 번 그려 주시겠어요. 자리 위주로.	1				1
		예. (그림 그린 후) 여기요.	1				
		아. 이게 피의자가 과장이라서 중간에 있고, 그 옆으로 직원들이 쭉 있는 형태네요. 두 줄로.	1				
		예.	1				
		오피해씨 자리는 여기니까 어쨌든 바로 옆 자리는 아니고, 그 사이에 다른 직원 두 명이 있는 그런.	1				
		예.	1				
–		아까 이전에는 이런 적이 없다고 하셨고 그럼 사무실에서 다른 뭐 괴롭힘이나 또는 그 성희롱 같은.	1		1		
–		없었어요.	1				
–		평소에 피의자가 다른 직원들 자리에도 잘 가는 편이었나요?	1				
–		보통은 저희가 결재를 가죠. 과장님 자리에. 간단한 검토를 해주실 때는 과장님이 저희 자리에 오시기도 하고요.	1				
당시 사무실 문은 닫혀 있었나요.	1	당시 사무실 문은 닫혀 있었나요?	1				
		퇴근을 안 했으니까 잠그지 않았죠.	1				

진술인		피의자/질문								
잠그지는 않았지만 닫혀 있었습니다.	1	아니. 잠그는 거 말고 닫는 거.	1							
		아. 닫는 거. 글쎄요 보통은 닫아 놓으니까 닫혀 있지 않았을까요?		1			1			
		아무래도 문이 열려 있는데 그렇게 하기는 좀. 추행을.	1							
		예.		1						
진술인은 어떻게 대응을 하였나요.	1	오피해씨는 어떻게 했나요?	1							
		예?		1						
"지난 번에도 그러시더니 자꾸 왜 그러시냐"라고 하면서 [⑦저의 양 팔꿈치를 이렇게 들어 올리면서 동시에 일어나며 몸을 돌리는 방법으로 피의자의 팔을 풀려고 하였습니다.]	1	피의자가 추행을 할 때 어떻게 대응을.	1							
		아. 지난 번에도 그러시더니 자꾸 왜 이러시냐고		1						
피의자가 손을 풀던가요.	1	그랬더니 피의자가 팔을 풀던가요?	1							
예.	1	처음에는 뭐라고 하다가 그 이후엔 풀었어요.		1						
–		뭐라고 하던가요?	1							
–		사실은 저를 좋아한다고 했어요.		1		1				
–		그래서요?	1							
–		뭐. 그건 아닌 것 같다. 그렇게 말씀드렸죠.		1		1				
–		그랬더니요?	1							
–		잠시 후에 팔을.		1						
–		고소장을 보면, 오피해씨가 피의자의 팔을 뿌리쳤다고 되어 있는데, 맞나요?	1							
–		예예.		1						

–		뒤에서 껴안는 사람의 팔을 어떻게 뿌리쳤다는 건가요?	1							1
⑦저의 양 팔꿈치를 이렇게 들어 올리면서 동시에 일어나며 몸을 돌리는 방법으로 피의자의 팔을 풀려고 하였습니다.		(변호사) 아. 그건 이렇게 양 팔꿈치를 들어 올리면서 몸을 비틀어서 팔이 풀리도록 했다 뭐 이런 의미예요. 저는 그렇게 이해를.		1						
–		예예. 그런 의미에서 뿌리쳤다? 그럼 피의자가 오피해씨가 반항할 수 없도록 또는 현저히 곤란할 정도로 껴안은 것은 아니네요?	1							
–		(변호사) 강제추행이 원래 반항이 곤란할 정도는 아니어도 되는.		1						
당시 피의자의 완력이 어느 정도였나요	1	예예. 맞아요 저도 알아요 그럼 뭐 이 경우는 양 팔꿈치를 들어 올리는 것만으로는 팔이 풀리지 않고, 몸도 함께 비틀어야 팔이 풀릴 정도의 완력이 있었다. 뭐 이렇게 정리하면 되겠네요?		1						1
반항이 완전히 불가능할 정도는 아니었지만 양 팔꿈치를 들어 올리는 것만으로는 팔이 풀리지 않고, 몸도 함께 비틀어야 팔이 풀릴 정도의 상당한 완력이었습니다.	1	예예.		1						
사무실에서 더 이상이 추행은 없었나요	1	껴안은 것이 한 번이었나요?	1							
예. [⑧그리고 나서 저는 5분에서 10분 이삼분 정도 더 일을 하다가 퇴근을 하였습니다.]	1	예.		1						
–		이후 피의자는 자리로 돌아갔나요?	1							
–		예.		1						

		질문								
–		아무 말도 없이요?	1							
–		예.		1						
⑧그리고 나서 저는 5분에서 10분 이삼분 정도 더 일을 하다가 퇴근을 하였습니다. ⑨일이 거의 마무리 직전이었기 때문에 그것만 마무리하고 퇴근한 것입니다.		오피해씨는 어떻게 했나요?	1							
		예?		1						
		사무실에 계속 있었나요?	1							
		아뇨. 퇴근을 했죠 조금 있다가.		1						
		조금? 얼마나?	1							
		5분? 10분?		1						
		곧바로 퇴근하지 않은 이유가?	1							
		일이 덜 끝났으니까. 일이.		1						
곧바로 퇴근하지 않은 이유가 무엇인가요	1	피의자가 재차 추행할 것이라는 생각은 안 했나요?	1							
		사무실이니까.		1						
다른 직원들이 다시 사무실에 올 수도 있는 상황이었으므로 피의자가 더 이상 추행을 할 것으로 생각하지는 않았습니다. [⑨일이 거의 마무리 직전이었기 때문에 그것만 마무리하고 퇴근한 것입니다.]	1	사무실이니까 다시 그러지는 않을 거라고 생각했다? 또 밥 먹으러 간 직원들이 돌아올 수도 있고?	1							1
		예예.		1						
–		피의자는 오피해씨가 퇴근할 때까지 사무실에 있었나요?	1							
–		예.		1						
–		에. 이 정도면 된 것 같고요. 그. 이 두 번째 사건 이후에 또 추행이 있거나 하지는 않았나요?	1							
–		예.		1						
처음 추행을 당했을 때 즉시 고소하지 않은 이유가 무엇인가요.	1	그럼 첫 번째 추행은 그냥 넘어가려고 했는데, 두 번째 또 추행을 해서 고소를 하게 되었다는 말인가요? 앞으로 또 그러지 말라는 보장도 없고?	1							1

진술		질문/답변							
처음엔 그냥 넘어 가려고 했는데, 추가로 추행을 하므로, 앞으로도 지속될 우려가 있어서 고소하였습니다. 또한, 다시 생각해 보니 성적수치심도 들었고, 상사인 피의자가 저에게 인사상 불이익을 주지 않을까 우려도 되어서 이렇게 고소를 하게 되었습니다.	1	예. (변호사) 생각해 보니 성적추치심도 들고 인사상 불이익도 겁나고	1						
평소 진술인과 피의자의 관계는 어떠했나요.	1	예예, 그럴 수 있죠. 충분히. 평소 피의자와의 관계는 어땠나요?	1						
		저?		1					
무난한 관계였습니다.	1	예예, 피의자와 오피해씨의 관계?	1						
		이 사건 있기 전까지는 잘 지냈어요. 무난한 관계? 그분이 일도 잘 하시고 직원들 사이에서 신망도 높으신 분인데, 왜 저한테 이러시는지 몰라요.		1	1				
피의자가 진술인을 추행한 동기가 뭐라고 생각하나요.	1	그럼 오피해씨가 무고할 동기는 없는 거고 암튼 추정이지만 아무래도 피의자가 오피해씨를 좋아하는 마음에 그랬을 수 있겠네요 말씀을 들어보니까.	1				1		1
모르겠습니다.	1	아마도.		1					
고소 이후 피의자와 만나거나 통화한 사실이 있나요	1	고소 이후에 피의자와 연락한 적 있나요?	1						
이후에 퇴사를 해서 없습니다.	1	이틀인가 삼일인가 뒤에 퇴사했고, 그 이후엔 없어요.		1					
이 사건 때문에 퇴사를 한 것인가요.	1	이 사건 때문에 퇴사를 한 건가요?	1				1		
예.	1	좀 복합적인데, 이 사건 때문도 있겠죠.		1					
피의자로부터 사과나 보상을 받은 사실이 있나요.	1	피의자와 연락한 건 없으시고. 피의자로부터 금전적 보상을 받은 것 있나요?	1						

없습니다.	1	없어요	1							
피의자에 대한 처벌을 원하나요.	1	피의자에 대한 처벌을 원하나요?	1							
예.	1	예.	1							
–		잠시만요. 검토 좀 하고요. (검토 후) 여기. 그러니까 아까 의자가 이렇게 돌아가는 회전의자? 아니면 고정식?	1							
–		회전식이요	1							
–		그래. 요즘은 다 회전의자죠. 그럼 자리에서 앉아서 몸을 돌린 거? 아님 일어서면서?	1							
–		그게.	1							
–		아마. 확 이렇게 양팔꿈치를 펴면서 동시에 일어나면서 몸을 돌렸으니까 팔이 풀렸겠지. 남자 팔이.	1							
⑦저의 양 팔꿈치를 이렇게 들어 올리면서 동시에 일어나며 몸을 돌리는 방법으로 피의자의 팔을 풀려고 하였습니다.		그랬던 듯.	1							1
진술인은 실제로 피해를 입지 않았음에도 불구하고 피의자를 불리하게 하기 위해 진술하거나, 타인의 강요 또는 부탁을 받고 고소한 것은 아닌가요.	1	다 됐고 진술인은 실제로 피해를 입지 않았음에도 불구하고 피의자를 불리하게 하기 위해 진술하거나, 타인의 강요 또는 부탁을 받고 고소한 것은 아닌가요?	1							
예.	1	무슨? (변호사) 이건 다 묻는 거. 형식적인 거. 예예. 아니. 아니요	1							
이상의 진술이 사실인가요.	1	이상의 진술이 사실인가요? 이거 있다가 직접 쓰시고 참고로 더 사실 말씀도. 추가 의견이나 자료 없으시죠?	1							
예.	1									
참고로 더 할 말이 있나요.	1									

질문		답변								
아니요.	1									
추가적으로 서면 의견이나 자료를 제출할 것인가요.	1	예.	1							
아니요.	1									
		있다가 자필로 좀 써주시고, 그럼 출력을. 이렇게. (출력 후) 읽어보시고, 변호사님도 같이. 수정할 거나 뭐 있으시면 얘기해 주세요. 제가 거의 그대로 치는 편이라 별로 많지는 않을 거고	1							
⑧그리고 나서 저는 5분에서 ~~10분~~ 이삼분 정도 더 일을 하다가 퇴근을 하였습니다.		예. (열람 후) 이거. 여기 이거는 이삼분 정도로 이렇게 고칠게요.	1							
		아. 그 부분. 안 그래도 너무 오래 계셨다 했어. 이건 그럼 두 줄 긋고 직접 수정을 하세요. 그럼.	1							
		예. (수정 후) 여기요.	1							
		또 있나요?	1							
		없어요.	1							
		자 그럼 간인을 좀 하겠습니다. 여기, 여기, 여기 … (간인 후) 자필 기재도 좀 하겠습니다. 예, 아니요, 예, 예, 아니요, 아니요, 이름, 없습니다, 변호사님도 여기 서명. (자필 기재 및 서명 후) 아이고 조사 받으시느라 수고 많으셨습니다. 조사 끝낼게요. 그럼.	1							
		예.	1							
	32	32		98	98	2	10	0	5	0	0	14

주. *왜곡: 1. 답변생략, 2. 문답생략, 3. 답변의 뚜렷한 조작, 4. 답변의 미묘한 조작, 5. 질문조작, 6. 문답추가, 7. 문답전환.

진술조서 진단 의견서

변 호 인 의 견 서

사　　　건　　　2022고단6089 강제추행
피 고 인　　　안상사

위 사건에 관하여 피고인의 변호인은 다음과 같이 의견을 개진합니다.

다　　　음

1. 이 사건 공소사실의 요지

(생략)

2. 공소사실에 대한 인부

피고인은 2022. 3. 12. 고소인과 회사 인근 식당에서 저녁을 먹은 사실, 2022. 3. 21. 고소인과 회사 사무실에서 함께 근무했던 사실은 있으나, 고소인의 어깨에 손을 얹거나 껴안은 사실은 전혀 없는바, 이 사건 공소사실을 전부 부인합니다.

3. 공소사실에 대한 구체적 의견

(전략)

나. 진술조서에는 마치 피해자가 범죄사실과 정황을 구체적으로 진술한 것처럼 되어 있는데, 실제로는 조사자가 대부분의 내용을 읽어주고 피해자는 단지 이를 긍정하는 방식으로 조사가 이루어졌습니다.

수사관이 작성한 진술조서를 보면, '피고인의 추행', '피해자의 저항', '즉시 고소하지 않은 이유' 등에 관한 진술을 피해자가 임의로 한 것처럼 기재되어 있으나(진술조서 2-5면) 실제로는 그 진술 중 거의 대부분이 <u>조사자가 고소장을 보고 읽어준 후 피해자가 이에 대하여 단지 '예'라고 대답하는 방식</u>으로 이루어졌고, 그중에는 <u>변호사의 진술이 마치 피해자의 진술인 것처럼 기재된 것</u>도 있습니다(영상녹화물 DVD 10:23, 17:02, 29:33, 41:55, 62:13). 해당 부분을 분석한 조서 · 영상 대비표는 다음과 같습니다.

<표 1> 조서 · 영상 대비표

조서	영상
피의자가 어떻게 진술인의 옆으로 왔나요	<u>자 이제 고소장을 보면</u>, 서로 마주 앉아서 밥을 먹다가 피의자가 오피해씨 쪽으로 옮겨 앉았다 이렇게 되어 있어요. 그럼 자리에서 일어나서 테이블을 돌아서 오피해씨 옆으로 온 거네요.
자리에서 일어나서 테이블을 돌아 제 옆으로 왔습니다.	예.
계속 말해보세요.	<u>고소장을 보면</u> 피의자가 오른 손으로 오피해씨 오른쪽 어깨에 손을 얹었다 이렇게 되어 있어요. 그럼 이게 어깨동무 하는 것처럼 이렇게 목 뒤로 팔을 둘러서 손을 어깨를 만지는 뭐 그런 동작이었나요?
제 옆으로 와서 저의 동의도 없이 피의자의 오른손으로 저의 오른쪽 어깨를 이렇게 어깨동무 하는 것처럼 팔을 저의 목 뒤로 돌려서 만지는 동작이었습니다.	예.
(생략)	<u>고소장을 보면</u>, 오피해씨가 몸을 돌려서 손을 떼려고 했다고 되어 있는데, 맞나요?
몸을 돌려 피의자의 손을 떼려고 하였습니다.	아. 맞아요. 몸도 돌리고
2022. 3. 21. 회사 사무실서 있었던 추행에 대해 자세히 진술해보세요.	예. 인쇄업. 고소장을 보면, 2022년 3월 21일 18시 20분경 회사 사무실에서 일을 하고 있는 피해자에게 갑자기 피의자가 다가와 양팔로 피해자를 껴안았다. 이로써 피의자가 피해자를 강제추행하였다. 이렇게 되어 있는데, 맞죠?

2022. 3. 21. 18:20경 회사 사무실에서 피의자가 일을 하고 있던 제 뒤로 가다와서 갑자가 양 팔로 저를 껴안는 방법으로 저를 추행하였습니다.	예예.
(생략)	뒤에서 껴안는 사람의 팔을 어떻게 뿌리쳤다는 건가요?
저의 양 팔꿈치를 이렇게 들어 올리면서 동시에 일어나며 몸을 돌리는 방법으로 피의자의 팔을 풀려고 하였습니다.	<u>(변호사) 아. 그건 이렇게 양 팔꿈치를 들어 올리면서 몸을 비틀어서 팔이 풀리도록 했다 뭐 이런 의미예요. 저는 그렇게 이해를.</u>
당시 피의자의 완력이 어느 정도였나요.	예예. 맞아요. 저도 알아요. 그럼 뭐 이 경우는 양 팔꿈치를 들어 올리는 것만으로는 팔이 풀리지 않고, 몸도 함께 비틀어야 팔이 풀릴 정도의 완력이 있었다. 뭐 이렇게 정리하면 되겠네요?
반항이 완전히 불가능할 정도는 아니었지만 양 팔꿈치를 들어 올리는 것만으로는 팔이 풀리지 않고, 몸도 함께 비틀어야 팔이 풀릴 정도의 상당한 완력이었습니다.	예예.
곧바로 퇴근하지 않은 이유가 무엇인가요.	사무실이니까 다시 그러지는 않을 거라고 생각했다? 또 밥 먹으러 간 직원들이 돌아올 수도 있고?
다른 직원들이 다시 사무실에 올 수도 있는 상황이었으므로 피의자가 더 이상 추행을 할 것으로 생각하지는 않았습니다.	예예.
처음 추행을 당했을 때 즉시 고소하지 않은 이유가 무엇인가요.	그럼 첫 번째 추행은 그냥 넘어가려고 했는데, 두 번째 또 추행을 해서 고소를 하게 되었다는 말인가요? 앞으로 또 그러지 말라는 보장도 없고?
처음엔 그냥 넘어 가려고 했는데, 추가로 추행을 하므로, 앞으로도 지속될 우려가 있어서 고소하였습니다. 또한, 다시 생각해보니 성적수치심도 들었고, 상사인 피의자가 저에게 인사상 불이익을 주지 않을까 우려도 되어서 이렇게 고소를 하게 되었습니다.	예. <u>(변호사) 생각해 보니 성적추치심도 들고 인사상 불이익도 겁나고</u>
(생략)	아마. 확 이렇게 양팔꿈치를 펴면서 동시에 일어나면서 몸을 돌렸으니까 팔이 풀렸겠지. 남자 팔이.
저의 양 팔꿈치를 이렇게 들어 올리면서 동시에 일어나며 몸을 돌리는 방법으로 피의자의 팔을 풀려고 하였습니다.	그랬던 듯.

이는 "실제로는 질문한 내용임에도 답변한 것처럼 기재"하는 형태의 조서왜곡, 즉 문답전환에 해당하며(이형근, 피의자 신문의 이론과 실제, 경인문화사, 2021, 218면), 대법원은 이 유형의 조서왜곡을 수사기관의 객관의무 위반으로 본 바 있습니다(대법원 2020. 4. 29. 선고 2015다224797 판결). 따라서 <u>조서에 기재된 각 기재는 임의로 작성된 것이 아니라고 보아야 합니다.</u>

특히, 영상녹화물을 보면, <u>"고소장을 보면"</u>이라는 조사자의 발언이 빈번하게 확인됩니다. 이와 관련하여, 법원은 <u>검사가 피해자에게 경찰 진술조서 등을 보여준 다음 피해사실을 진술하게 하는 등 경찰 진술조서와의 일관성을 유지하기 위해 유도질문 및 조서왜곡을 한 사안에서 피고인에게 무죄를 선고한 바 있습니다(광주고등법원 2021. 6. 24. 선고 2020노423 판결). 본 사건에서는 <u>조사자가 피해자에게 수차례 고소장 내용을 읽어주고 이에 대하여 단지 피해자의 확인만 받았으면서 마치 피해자 스스로 이 내용들을 진술한 것처럼 조서를 작성하였다는 점에서 위 판례와 사안이 매우 유사합니다.</u></u>

또한, 영상녹화물과 조서를 보면, **"그건 이렇게 양 팔꿈치를 들어 올리면서 몸을 비틀어서 팔이 풀리도록 했다 뭐 이런 의미예요**(피해자의 저항)**", "생각해 보니 성적추치심도 들고. 인사상 불이익도 겁나고**(뒤늦게 고소한 이유)**"**라는 변호사의 진술이 마치 피해자의 진술인 것처럼 조서에 기재되어 있음을 알 수 있습니다. 이는 피해자 변호사의 올바른 조력 방법에서 벗어나는 방법이고, 피해자 진술의 증거능력과 증명력에도 부정적 영향을 주는 요소입니다.

따라서 <u>조서에 기재된 각 진술은 실질적 진정성립, 특신상태, 임의성 등의 요건을 결하고 있어 증거능력이 없고, 가사 증거능력을 인정하더라도 신빙성이 현저히 낮습니다.</u>

다. 피해자는 조사 과정에서 추행 이후 피고인과 식당에서 좀 더 머물렀다는 사실, 이후 피고인과 함께 사무실에 들렀다가 퇴근했다는 사실 등을 진술하였으나, 조서에는 이와 같은 피해자의 진술이 전혀 기재되지 않았습니다.

영상녹화물을 보면, 추행 이후에도 피고인과 피해자가 나란히 앉아 있었다는 사실, 추행 직후 피해자가 업무 때문이 아니라 소설책 때문에 다시 사무실로 들어갔다는 사실 등을 확인할 수 있습니다(영상녹화물 DVD 25:52). 그러나 조서에는 이와 같은 피해자의 진술이 전혀 기재되지 않았습니다. 해당 부분을 분석한 조서·영상 대비표는 다음과 같습니다.

<표 2> 조서·영상 대비표

조서	영상
⑥그리고는 식당에서 나와 피의자는 사무실로 갔고, 저는 퇴근을 했습니다.	그분은 일이 남아서 사무실로 갔고, 저는 일이 끝나서 집으로 가야 했는데, **사무실에 책을 놓고 와서 잠깐 사무실 들렀다** 집에 갔어요.
추행 직후 피고인과 피해자의 행동	피의자가 그 이후에도 계속 오피해씨 옆에 앉아 있었나요?
	예. 좀 서먹하게.
	피의자에게 자리로 돌아가라고 하였나요?
	아뇨. 그냥 밥을 거의 다 먹었을 때라.
	추행 직후 곧바로 식당에서 나온 건가요?
	아뇨. 좀 더 있다가.
	그럼 식당에서 나올 때까지 피의자가 오피해씨 옆에 있었다?
	예.
	무슨 책을?
	그냥 지하철 안에서 읽는 책. 소설 책.

이는 "어떤 답변의 전부 또는 일부를 조서에서 생략"하는 형태의 조서왜곡, 즉 답변생략 및 "어떤 질문과 그 질문에 대한 답변을 함께 조서에서 생략"하는 형태의 조서왜곡, 즉 문답생략에 각각 해당하며(이형근, 피의자 신문의 이론과 실제, 경인문화사, 2021, 218면), 이 부분은 식당에서 추행이 있었을 가능성을 낮추어주는 요소임에 틀림없습니다.

또한, 조사자는 피고인의 과거 추행 이력(없음), 추행 동기에 관한 피고인의 발언(호감) 등에 관한 피해자의 진술을 조서에 기재하지 않았습니다. 즉, 피고인에게 이익이 되는 피해자의 진술, 피고인의 동기 또는 정상 판단에 긍정적 영향을 줄 있는 피해자의 진술이 조서에 일체 기재되지 않은 것입니다. 따라서 수사관이 작성한 <u>진술조서는 실질적 진정성립, 특신상태 등의 요건을 결하고 있어 증거능력이 없습니다.</u>

라. 사건 장소인 사무실에 다른 직원들이 퇴근한 상태였는지, 사무실 문이 닫혀 있었는지 등에 관한 피해자의 진술이 실제와 다르게 조서에 기재되었습니다.

수사관이 작성한 진술조서를 보면, '<u>다른 직원들이 퇴근한 상태</u>', '<u>사무실 문이 닫힌 상태</u>'에서 추행이 있었던 것처럼 기재되어 있으나(진술조서 3－4면) 실제로 피해자는 '<u>저녁 먹으러 간 직원도 있었다</u>', '<u>보통은 닫아 놓으니까 닫혀 있지 않았을까</u>'라고 진술하였습니다(영상녹화물 DVD 53:31). 해당 부분을 분석한 조서·영상 대비표는 다음과 같습니다.

<표 3> 조서·영상 대비표

조서	영상
퇴근 후라 아무도 없었습니다.	다른 사람들은요?
	다들 **퇴근하거나 저녁 먹으러.**
잠그지는 않았지만 닫혀 **있었습니다.**	아니. 잠그는 거 말고 닫는 거.
	아. 닫는 거. 글쎄요. 보통은 닫아 놓으니까 **닫혀 있지 않았을까요?**

이는 "<u>어떤 답변의 취지, 뉘앙스 등을 실제와 다르게 조서에 기재</u>"하는 형태의 <u>조서왜곡</u>, 즉 답변의 미묘한 조작에 해당하며(이형근, 피의자 신문의 이론과 실제, 경인문화사, 2021, 218면), 다른 직원들이 잠시 외출한 사실, 사무실 문이 열려 있

었을 가능성 등은 공히 사무실에서 추행이 있었을 가능성을 낮추어주는 요소입니다. 실제로 제일기획 대리 김○○은 2022. 3. 21. 18:00경 저녁을 먹으러 나갈 때에는 사무실 문이 닫혀 있었고, 19:00경 저녁을 먹고 돌아 왔을 때에는 사무실 문이 열려 있었다고 진술하였습니다(증 제2호증 김○○의 확인서).

또한, 조사자는 '밥을 같이 먹자는 피고인의 권유', '피고인의 추행 이유에 대한 피해자의 생각', '피해자의 퇴사 이유' 등에 관한 피해자의 진술도 실제와 다르게 조서에 기재하였습니다. 즉, 사건 전후의 정황과 피고인의 행동에 대한 피해자의 판단 등에 관한 피해자의 진술이 왜곡되었습니다. 따라서 수사관이 작성한 진술조서는 실질적 진정성립, 특신상태 등의 요건을 결하고 있어 증거능력이 없습니다.

마. 수사관 작성 진술조서는 적법한 절차와 방식에 따라 작성된 것이 아닙니다.

내용뿐만 아니라 형식적인 측면에서도, 수사관 작성 진술조서에는 적법 절차·방식 위반이 있어 증거로 삼기가 부적합합니다. 먼저, 조서 초안이 완성되면 이를 출력하여 읽도록 한 후 '진술한 대로 기재되지 아니하였거나 사실과 다른 부분의 유무'를 물어야 하는데, 진술조서를 보면 앞의 질문이 아예 이루어지지 않았음을 알 수 있습니다. 이는 조서 작성 관련 법령에 명백하게 위배되는 조서 작성 방식입니다.

다음으로, 진술조서를 보면, 조사 장소에 도착한 시각과 조사 시작시각 간에 '20분'의 시간적 차이가 있는데, 이때 조사자와 피해자 간에 범죄사실에 관한 대화가 있었던 것으로 보입니다. 영상녹화물을 보면, "그리고 아까 식당 안, 그러니까 그쪽을 비추는 CCTV는 없다고 하셨고"라는 조사자의 발언이 확인되는데, 공식 조사 과정에서 피해자가 이와 같은 진술을 한 사실이 없으므로 조사 전에 사전면담이 있었을 가능성이 매우 높습니다.

그럼에도 불구하고 조사자는 이와 같은 점을 수사과정확인서에 기재하지 않았는바, 이는 형사소송법 제244조의4 및 수사준칙 제26조에 명백하게 위배되는 조서 작성 방식이며, <u>이 조사의 적법성과 특신성 모두를 감쇄하는 사유가 됩니다.</u>

바. 소결

수사관 작성 진술조서는 적법한 절차와 방식에 따라 작성된 것이 아닐 뿐만 아니라 <u>구성요건적 사실과 핵심적 정황에 관한 진술이 심각한 수준으로 왜곡되어 있어 이를 증거로 삼을 수 없습니다.</u> 특히, "[조서에는] 피고인에 대한 공소사실을 유죄로 인정하기 위한 구성요건적 사실이나 핵심적 정황에 관한 사실들이 기재되어 있으나, 그 영상녹화물에는 위와 같은 진술이 없거나 그 내용이 다른 사실을 알 수 있는바 … <u>특히 신빙할 수 있는 상태 하에서 행하여졌음이 증명된 때에 해당한다고 볼 수는 없다</u>"라는 대법원 판결(대법원 2014. 8. 26. 선고 2011도6035 판결)을 고려하면, 이 사건 <u>수사 과정에서 이루어진 피해자의 진술은 본증, 탄핵증거, 조사자 증언 등 그 어떠한 형태로도 증거가 될 수 없으며, 가사 증거로 하더라도 그 신빙성이 매우 낮다고 보아야 합니다.</u>

< 재판 후반부인 경우의 작성례 >

대법원은 "피해자의 진술 또는 피해자와 밀접한 관계에 있는 자의 진술이 유일한 증거인 경우, 이를 근거로 피고인을 유죄로 판단하기 위해서는 <u>진술 내용 자체의 합리성과 타당성뿐만 아니라 객관적인 정황과 경험칙에 비추어 피해자의 진술 또는 피해자와 밀접한 관계에 있는 자의 진술이 합리적인 의심을 할 여지가 없을 정도로 공소사실이 진실한 것이라는 확신을 가지게 하고, 피고인의 무죄 주장을 배척하기에 충분할 정도로 신빙성이 있어야 한다</u>"라고 판시한 바 있습니다(대법원 2017. 10. 31 선고 2016도21231 판결 등).

피해자는 수사 단계에서 조사자와 변호사로부터 이례적인 조력을 받으면서 이 사건에 대하여 수차례 진술을 하였습니다. 즉, 피해자는 자의와 무관하게 수차례 진술의 내용과 방법을 학습하였습니다. 그럼에도 불구하고 <u>피해자는 △△△, ㅁㅁㅁ에 관한 수사기관에서의 진술을 법정에서 번복하였으며, 식당에서 추행을 당한 후 피의자와 나란히 앉아 좀 더 있었다는 피해자의 진술, 필수품으로 보기 어려운 소설책을 가지러 피고인과 함께 사무실로 갔다는 피해자의 진술, 사무실에서 추행을 당한 후 곧바로 퇴근하지 않았다는 피해자의 진술</u> 등은 경험칙에서 상당히 벗어나 있습니다.

따라서 "유죄의 인정은 법관으로 하여금 합리적인 의심을 할 여지가 없을 정도로 공소사실이 진실한 것이라는 확신을 가지게 하는 증명력을 가진 증거에 의하여야 하므로, 그와 같은 증거가 없다면 설령 피고인에게 유죄의 의심이 간다고 하더라도 피고인의 이익으로 판단할 수밖에 없다"라는 <u>확립된 법리에 따라 피고인에게 무죄를 선고하여 주시기 바랍니다</u>(대법원 2004. 5. 14. 선고 2004도74 판결).

(후략)

증 거 자 료

1. 증 제1호증 조서·영상 대비표

2. 증 제2호증 김○○의 확인서

2022. 6.

위 피고인의 변호인

김이박 법무법인

담당변호사 김○○
담당변호사 이○○
담당변호사 박○○

우리지방법원 형사 1단독 귀중

찾아보기

저자소개

∷ 이형근

[약력]
- 경찰대학교 졸업
- 서울대학교 법학 석사·박사
- 한림대학교 심리학 박사
- 경찰수사연수원 교수
- 경찰대학교 경찰학과 교수
- 서울·충남·이화·서강대학교 법학전문대학원 겸임교수

[저서]
- 경찰과 법, 경찰대학 출판부, 2016.
- 수사면담기법론, 경찰대학, 2018.
- 압수수색의 집행(제7판), 경찰대학 출판부, 2021.
- 피의자 신문의 이론과 실제, 경인문화사, 2021.
- 법심리학적 면담방법론, 박영사, 2021.

[논문]
- 이형근·조은경, 피의자신문조서의 왜곡 유형과 정도에 관한 연구: 조서와 영상녹화물의 비교를 통한 사례연구, 경찰학연구 제14권 제2호, 2014. 6.
- 이형근·백윤석, 피의자신문조서의 왜곡에 대한 증거법적 평가방향: 왜곡에 대한 일반인과 변호사의 인식 비교연구, 경찰학연구 제19권 제4호, 2019. 12.
- 이형근, 영상녹화물에 의한 특신상태 증명: 대법원 2014. 8. 26. 선고 2011도6035 판결의 해석을 중심으로, 형사정책연구 제30권 제4호, 2019. 12.
- 이형근, 개정 형사소송법 하에서 실질적 진정성립 및 특신상태 요소의 증거법적 기능에 관한 전망, 형사정책연구 제31권 제2호, 2020. 6.
- 이형근, 제정 수사준칙상 조사·신문·면담 관련 조항에 관한 고찰: 심야조사, 별건조사, 사전신문 문제를 중심으로, 형사법연구 제32권 제3호, 2020. 9.
- 이형근, 수사상 영상녹화의 규율방식 및 규율내용 개선방안: 수사기관의 지침 비교분석 및 상위 법령으로의 통합 제안, 법조 제69권 제5호, 2020. 10.
- 이형근·조은경·이미선, 수사관의 심증이 조서의 왜곡에 미치는 영향, 한국심리학회지: 법 제11권 제3호, 2020. 11.
- 이형근·조은경·이미선, 피의자와 변호인의 조서정정 수행 비교연구, 한국심리학회지: 사회및성격 제35권 제1호, 2021. 2.
- 이형근·조은경·이미선, 조서의 왜곡이 수사지휘자의 혐의평가에 미치는 영향, 한국심리학회지: 사회및성격 제35권 제2호, 2021. 5.
- 이형근, 질문의 유형과 방식에 관한 연구: 2차원적 질문분류 방법론 제안, 범죄수사학연구 제7권 제1호, 2021. 6.
- 이형근, 형사소송법 제312조 개정의 의미와 피의자 신문 방법론 개선의 필요성, 경찰법연구 제19권 제3호, 2021. 10.

영상녹화물 분석을 통한
수사조서 진단과 처방

초판발행   2022년 9월 1일

지은이   이형근
펴낸이   안종만·안상준

편 집   이면희
기획/마케팅   오치웅
표지디자인   BEN STORY
제 작   고철민·조영환

펴낸곳   (주) **박영사**
            서울특별시 금천구 가산디지털2로 53, 210호(가산동, 한라시그마밸리)
            등록 1959. 3. 11. 제300-1959-1호(倫)
전 화   02)733-6771
f a x   02)736-4818
e-mail   pys@pybook.co.kr
homepage   www.pybook.co.kr
ISBN   979-11-303-1578-2 93350

정 가   19,000원